本书为教育部人文社会科学重点研究基地2005年度重大项目“清代民族图册《苗蛮图》综合研究”成果之一

本书的出版得到了教育部人文社会科学重点研究基地中央民族大学中国少数民族研究中心的资助

黔南苗蠻圖說研究

QIANNAN MIAOMAN TUSHUO YANJIU

李德龙 著

中央民族大学出版社

图书在版编目（CIP）数据

《黔南苗蛮图说》研究 / 李德龙著 —北京：中央民族大学出版社，2008.12
ISBN 978-7-81108-594-5

Ⅰ.黔… Ⅱ.李… Ⅲ.①苗族—民族历史—研究—中国 ②黔南苗蛮图说—研究 Ⅳ.K281.6

中国版本图书馆CIP数据核字（2008）第137716号

《黔南苗蛮图说》研究

作　　者	李德龙
责任编辑	红　梅
美术编辑	汤建军
出 版 者	中央民族大学出版社 北京市海淀区中关村南大街27号　邮　编：100081 电　话：68472815（发行部）　传　真：68932751（发行部） 68932218（总编室）　68932447（办公室）
发 行 者	全国各地新华书店
印 刷 厂	北京宏伟双华印刷有限公司
开　　本	787×1092（毫米）　1/16　印张：18.75　插图：86幅
字　　数	250千字
版　　次	2008年12月第1版　2008年12月第1次印刷
书　　号	ISBN 978-7-81108-594-5
定　　价	68.00元

序一

“苗图”之作，肇自萧梁，盛于乾嘉。《四库全书》总纂官纪晓岚云：“考《南史》，载梁武帝使裴子野撰《方国使图》，广述怀来之盛，自荒服至海表，凡二十国。张彦远《历代名画记》载梁元帝有《职贡图》，史绳祖《学斋佔毕》引李公麟云，元帝镇荆州，作《职贡图》，状其形而识其土俗，凡三十余国。其为数较今所绘，不及十分之一。”（《四库全书〈皇清职贡图〉提要》）《唐六典》职方员外郎条载：“其外夷每有番官到京，委鸿胪，迅其本国山川风土为图，以奏焉，副上于省。”（日本仁井田陞《唐令拾遗》之《杂令补遗》）今存日本《养老公式令》第七十九条：“凡远方殊俗人来入朝者，所在官司，各造图，画其容状衣服，具序名号处所，随讫奏闻。”东瀛此制，实为唐朝制度远播日本者也，其做法与中国历代绘制边疆民族或外国使者形象、记录其风土人情别无二致。

清朝乃疆域辽阔统一多民族之大国，“内外苗夷，输诚向化，其衣冠状貌各有不同”，为了对其加以识别并进行有效的治理，高宗弘历下令“著沿边各督抚，于所属苗徭黎僮，以及外夷番众”，仿其服饰，绘图送军机处，汇齐呈览，以昭王会之盛”。（《皇清职贡图》御制诗序）此乃著名的《皇清职贡图》作成之因也。该图册逐一描绘清代边疆各族男女人物形象数百幅，其关涉湘、桂、川、滇、黔五省之所谓“苗蛮”者，即达一百六十八帧。《皇清职贡图》作成之后，乾隆皇帝御笔题诗作序，撰额、钤玺，又令摹写刊刻。此一时间，因绘制《皇清职贡图》之故，各省所出手写、手绘“苗蛮图”稿本、复本，形式各异，种类繁多。各种“苗蛮图”之作如雨后春笋，纷纷出笼。官宦文人，或临书描摹，或深入滇黔，丹青描绘“苗蛮”人物形状，配文叙说“苗蛮”风土人情。从乾隆之初至民国之末，蔚然成风。直至曹锟贿选北洋政府总统成功之时，仍令画工精心绘制南方民族图五巨册，取《尚书》“格致苗民”之意，名之为《旬格图》（该图现藏于中央民族大学图书馆善本部）。由此观之，“苗图”文献可谓源远流长。

“苗图”文献虽多，流传却并不广泛。究其原因，乃多为手工所绘，刊印者极少，其文物价值与艺术价值均高是也。故“苗蛮图”文献的研究多有不便，成果屈指可数。世纪之交，随我作博士研究生的李德龙君，在中央民族大学图书馆馆长任上攻读学位，恰好民大图书馆古籍部收藏云贵“苗蛮”图说文献最多，于是李君选定“苗蛮图”作为研究对象，以《〈黔南苗蛮图说〉研究》作为学位论文题目，可谓近水楼台。李君早年硕士研究生毕业于首都师范大学历史系，为宁可教授门下的高足弟子，整理敦煌文献达十数年之久，通览过英法所藏数万件敦煌写卷，与周绍良、宁可等史学名家合作编辑出版大型资料丛刊《英藏敦煌文献》。严格的训练与艰苦的实践，使其研究起“苗蛮”文献来显得得心应手。

李君博士毕业数年以来，继续从事历史文献学的教学与研究，孜孜以求，锲而不舍，对学位论文反复修改，终成此书，付印之际，以曾忝为导师，愿为述说如前，以为之序。

王锺翰

2006年12月20日于西苑中医医院

时年九十有四

序二

总算看到了李德龙教授撰写的《〈黔南苗蛮图说〉研究》的书稿即将出版，实在可喜可贺。据我所知，这本书的初稿至少在五六年前就已经完成了，由于这部著作在《苗蛮图》研究中具有特别重要的价值，我曾经催促其尽早修改加工后出版，但是，有着20多年敦煌遗书等文献古籍整理研究经历的德龙教授却坚持要等多看一些资料后再进行补充修改，直至今日，该成果才得以与读者见面，真可谓精益求精，一丝不苟。

《苗蛮图》类文献，是一批十分重要的珍贵资料，对于研究民族学、人类学、民俗学、历史学，对于研究边疆政治、民间艺术，都是不可或缺的第一手资料。早在19世纪，西方民族学和人类学学者就已经注意到了这批文献的价值，纷纷远道而来，收集该类文献，进行实地考察，展开积极探索。我国在20世纪30年代，也有刘咸先生首开先河，披露和介绍该类文献的大致情况，并指出其重要意义，但和西方学者的相关研究比较，绝对属于单枪匹马。直到20世纪结束时，我国的《苗蛮图》研究成果仍是少得可怜。新世纪伊始，云贵湘学者异军突起，研究《苗蛮图》的队伍空前扩大，研究项目随之确立，研究成果日新月异。笔者因研究领域侧重南方民族学，尤其是云贵等地的民族历史与文化，也先后撰写过几篇相关的研究文章。然而，要想将此项研究推向深入，非据有大量的第一手资料不可。既要掌握这类资料形成的全面情况，弄清该类文献的性质，又要有针对性地进行个案研究。在这一点上，德龙教授做到了。他是目前国内阅览《苗蛮图》类文献最多的学者之一。为了进行《黔南苗蛮图说》单本文献的研究，他通览了北京故宫博物院、国家图书馆、民族文化宫、中国社科院民族学与人类学研究所、台湾“中央研究院”历史语言研究所、日本东洋文库、德国莱比锡博物馆以及国内多个省级图书馆、部分高校图书馆所藏的《苗蛮图》，至于他所在单位中央民族大学所藏的近20种《苗蛮图》文献，更是烂熟于胸。

在这样的背景之下，德龙教授于2005年底一举中标教育部人文社会科学重点研究基地的重大课题——《清代民族图册综合研究》，我作为研究基地的负责人，全力支持他的研究，看到他的研究成果问世，自然会比他人更加高兴。

德龙教授是1977级历史学专业本科生，20世纪80年代初，师从著名历史学家宁可教授，获得历史学硕士学位。90年代从日本留学归国后，又成为著名历史学家王锺翰先生的门下弟子，深得名师指点，获得博士学位。他为学严谨认真，研究功力深厚，主编或参与整理编辑的大型古文献丛书《英藏敦煌文献》（13卷）、《国家图书馆藏历代日记丛钞》（201卷）以及民族资料丛书《中国民族问题资料档案集成》（125卷），在国内外获得了好评。我相信他在《苗蛮图》文献的研究方面还会有更多的成果奉献给学术界，祝愿他在勤恳治学的道路上永不停步，硕果累累。

谨此为序。

祁庆富

2008年4月22日

目录

CONTENTS

零

绪论

绪　论

一、《苗蛮图》类文献的名称与收藏

民族是一个历史范畴，民族的演进是一个历史过程。这个过程主要包含两层含义：一是随着人类社会历史的发展变化，各民族逐渐形成并不断地分化、融合、演进、消亡。也就是说，民族并非是自人类出现之后就已经形成了，而是在人类历史发展到一定阶段时产生的；随着人类历史的发展，民族之间的差距也会自然消失。民族是一定历史阶段的产物。二是人们对民族概念的认识、民族的自觉意识和民族的划分标准，随着历史的进展，也会不断地发生变化。就中国数千年的历史发展进程而言，曾经先后出现过大大小小数百个民族，经过几千年的兼并、融合，绝大多数民族已经消亡，至今所存的民族曾经在历史上有过许许多多的变化。历史上各民族成员的构成更是纷繁复杂，进进出出，分分合合，我中有你，你中有我，互相层叠，互相交融，互相关联，互相影响。

清代作为我国历史上最后一个封建王朝，最终形成了一个统一的多民族国家。20世纪上半叶，我国按照科学的民族理论，对清朝版图内的民族逐一进行识别，科学地确定为如今的56个民族。然而，就在清朝后期乃至民国时期，对于我国国内各个民族的区分还是界定含糊的。一族多称、数族合一、张冠李戴、互相杂称的现象十分普遍。有些民族甚至还没有确切名称，常常被俗称为“土人”、“蛮人”、“夷人”等等。尤其是对于我国云南、贵州等省的一些少数民族，往往被统称为 “苗蛮”。所谓的《苗蛮图》正是在这种民族认同状况下，为适应清朝统治者认识、了解南方各少数民族，以便进行更有效的统治、维护多民族国家的统一而产生的民族史志文献。

清代及民国年间，在南方滇黔等省的“苗蛮”当中，被称作“黑苗”、“白苗”、“红苗”、“青苗”、“花苗”、“洞苗”、“短裙苗”、“谷蔺苗”、“平伐苗”、“九股苗”等各种“苗”的少数民族共有30余种，大大多于被称作“冉家蛮”、“楼居蛮”等某某“蛮”的族称。于是，有时又以“百苗”代称“苗蛮”，或者再简称为“苗”，只以一个“苗”字，便代表了南方众多的少数民族。因此，《苗蛮图》又被俗称为《百苗图》或《苗图》。自古以来，汉族对于边疆少数民族往往使用带有侮辱性的蔑称，除“苗蛮”之外，还有“夷”、“番”等等，因而有些清代或民国年间的少数民族图册文献，又被称为“夷人图”或“番苗图”。

通过目前发表的《苗蛮图》文献收藏的信息并经过本人实地调查所知，国内外许多单位及个人收藏有《苗蛮图》类文献。其中，收藏较多的单位有中央民族大学、中国社会科学院民族学与人类学研究所、北京民族文化宫、北京故宫博物院、台湾“中央研究院”历史语言研究所、中国国家图书馆等。为了给学者提供检索之便，现将《苗蛮图》文献的收藏情况简述如下。

中央民族大学共藏有各类《苗蛮图》19种。其中，中央民族大学图书馆古籍部藏有《苗蛮图》类文献16种，具体名称如下：

1. 《御制外苗图》2册；

2. 《云南三迤舆地百蛮图说》4册；

3. 《云南民族图考》1册；

4. 《维西夷人图旧画本、维西舆地图旧画本》1册；

5. 《贵州全省诸苗图说》2册；

6. 《贵州全省诸苗图说》4册；

7. 《贵州苗族风俗图》4册；

8. 《黔南苗蛮图说》2册；

9. 《苗蛮图》1册；

10. 《苗族图》1册；

11. 《少数民族图》1册；

12. 《少数民族图》1册；

13. 《琼州黎族风俗图说》1册；

14. 《台湾民族图说》1册；

15. 《旬格图》5册；

16. 《中国边疆苗族风俗图考》1册。

中央民族大学民族博物馆藏有《苗蛮图》3种，其中2种被定名为《百苗图》，均以散页形式合为一书。另1种名为《蛮僚图说》，书内题记为“清光绪六年（庚辰）陶联士绘”。

中国社会科学院民族学与人类学研究所收藏的《苗蛮图》文献共有17种，它们是：

1. 《苗蛮图》1种，（全1函1册）载图27幅；

2. 《苗蛮图》2种，册页2册；

3. 《苗蛮图》3种，（1函1册），载图73幅；

4. 《苗蛮图》4种，载图82种，配有诗文；

5. 《苗蛮图》5种，1册，载云南“苗蛮”14种；

6. 《苗蛮图》6种，1册，类似上图；

7. 《苗蛮图说》（折子本）42页；

8. 《苗蛮图说》（散页）载图67幅；

9. 《滇省夷人图说》上、下册；

10. 《滇省舆地图说》上、下册；

11. 《滇南种人全图》1册；

12. 《黔苗图说》全1函折装，载图82种；

13. 《贵州苗图》方形纸绘，有图无文；

14. 《黔西苗俗图》1册；

15. 《黔省苗族生活图说》（原名《贵州苗图考》），有图82幅，咸丰七年（1857）黔人所绘；

16. 《贵州八苗图》，载图8幅；

17. 《西南各种苗夷生活图》，载贵州“苗蛮”82种。

中国社会科学院民族学与人类学研究所图书馆善本库还有《苗图》照片80幅，为20世纪50年代所拍照。另外，该所与《苗蛮图》相配的文献还有2

种：一是《苗疆图》，为舆地图册24幅，图说1幅。二是《苗疆全图》，为1米见方的大幅地图1幅[①]。

北京民族文化宫图书馆藏有《苗蛮图》8种，其名称是：

1. 《百苗图》1函1册，上题“古竹顾金华督制”；

2. 《苗图》1册，内题名为《苗疆人物风俗全图》，共有图82种，但该书残缺2种苗人图画及文字说明；

3. 《苗蛮图》全1册，存82种“苗蛮图”及文字说明；

4. 《苗疆风景全图》，全1册，共47页，上有“鲁琪光印”；

5. 《黔边苗族风土图志》(图解全册)，共 1册，有序文，载图22幅；

6. 《黔全苗图》1册；

7. 《苗民图》（70页），只有贵州民族人物形象图，无任何文字说明，该书原为浙江省文管会所藏；

8. 《中国边区少数民族图》，该图册所绘为云南省少数民族形象，对于每一种图，都有用钢笔书写的说明，其书写时间应该在20世纪40—50年代。

以上8种《苗蛮图》，除了第8种《中国边区少数民族图》为云南少数民族图外，基本上都是绘制贵州少数民族的《苗蛮图》。全部为手绘彩本，绘制年代均为清代晚期及民国时期[②]。

北京故宫博物院收藏的《苗蛮图》有8种[③]：

1. 《苗图百幅》1册；

2. 《城绥义凝苗疆全图》1册；

3. 《贵州苗子图》1册；

4. 《贵州广西等处图》1册；

---

① 承蒙中国社会科学院民族学与人类学研究所图书馆魏忠馆长的帮助，使我有机会对该所所藏以上《苗蛮图》一一展读。

② 承蒙北京民族文化宫图书馆吴贵飙馆长的帮助，使我有机会对该馆所藏以上《苗蛮图》进行研读。

③ 据《中国边疆图籍录》。

5. 《黔省下游新辟苗疆图》1册；

6. 《御制平定仲苗战图四咏》1册；

7. 《云南罗罗图》2册；

8. 《金川战图》1册。

中国国家图书馆收藏的《苗蛮图》主要有以下8种[①]：

1. 《苗民图》彩绘本1册；

2. 《贵州全省百苗图说》旧抄本1册；

3. 《贵州苗民图》清人手绘本1册；

4. 《楚苗纪略附黔省苗图》旧抄本1册；

5. 《夷人图说》稿本1册；

6. 《云南永昌府永平县风土人情汉夷耕读种类清册》（清王宾制）2册；

7. 《汉夷风土人情图册》3种（永平县、浪穹、蒙化厅）；

8. 《蒙化厅属汉夷风俗及各种夷蛮情形分类图册》（清邬振铎编）。

中国社会科学院历史研究图书馆收藏有清朝道光年间云贵总督奉敕绘制的《苗蛮图》1册。

北京之外《苗蛮图》收藏最多的省份为贵州省。目前已公布的该省内收藏的《苗蛮图》共有12种[②]：

1. 《七十二苗全图》1种；

2. 《百苗图》1种 ；

3. 《黔苗图说四十幅》1种；

（以上3种为刘雍先生所收藏）

4. 《黔苗图说》1种；

5. 《百苗图》1种；

---

① 据国家图书馆善本书目录。

② 贵州省内《苗蛮图》的收藏情况根据贵州人民出版社《百苗图抄本汇编》、贵州民族出版社出版的李汉林著《百苗图校释》之《校勘凡例》部分作如上叙述。

6. 又《百苗图》1种；

（以上3种为贵州省博物馆所藏）

7. 《少数民族图·百苗图》1种，贵州省图书馆收藏。

8. 《百苗图》1种，贵州师范大学藏。

9. 《百苗图》（残本）1种，贵州民族学院藏。

10. 《百苗图咏》1种，贵州省民族研究所藏。

11. 《百苗图》1种，贵州省毕节地区民族事务局藏。

12. 《百苗图》1种，张玉麟家藏。

贵州省内所藏《苗蛮图》的状况，大部分已经汇载于2004年7月贵州人民出版社出版的《百苗图抄本汇编》（上、下册）当中。

除贵州省外，云南大学图书馆藏有《云南种人图说》、《金筑百苗图》，两图已经在2005年4月由云南美术出版社以《清代滇黔民族图谱》为名合辑出版[①]。

湖北省内的中南民族大学图书馆藏有《苗蛮图》2种：

1. 《苗族生活俚俗图》1册；

2. 《贵州全省百苗图说》1册。[②]

湖南省图书馆藏有《苗族八十二种图》1册[③]。

台湾"中央研究院"历史语言研究所傅斯年图书馆藏有《苗蛮图》11种[④]：

1.《苗蛮图册》载图82幅；

2.《黔苗图说》载图80幅；

3.《黔苗图说补》载7幅图；

4.《苗蛮图》载图27幅，并有文字说明；

---

① 见云南大学图书馆编《清代滇黔民族图谱》，云南美术出版社，2005年版。

② 据该大学图书馆馆藏目录。

③ 20世纪80年代，好友北京理工大学赵和平教授前往湖南省图书馆整理徐特立先生赠书时，发现徐先生曾收藏此图，后捐献给省馆。当时，和平兄将其一一拍照作为资料保存，最近听说我在搜集此类资料，便慷慨地将全部照片赠给了我。在此向和平学兄深表感谢。

④ 据《苗蛮图册》序言。

5.《苗蛮图》载图25幅，并有文字说明；

6.《番苗画册》载图16幅；

7.《滇夷图说》4册，每册12图，载图48幅；

8.《琼黎图说》载图18幅；

9.《台番图说》载图17幅；

10.《苗蛮图》载图82幅，无文字说明；

11.《龙胜五种图》载图5幅，无文字说明。

台湾“中央研究院”历史语言研究所从以上诸图之中选定《苗蛮图册》和《番苗画册》，作为“该所影印苗蛮图集之一、之二”，于1973年在台湾出版发行①。

除以上介绍的收藏之外，国内的国家博物馆图书馆、上海市图书馆等单位以及个人还有少量收藏，因未见原书，暂不一一列举。

由于《苗蛮图》类文献是研究人类学的珍贵资料，因此，该类文献很早就引起了国外学者的注意，他们纷纷前来，收集并带走了不少我国的《苗蛮图》文献。就目前所知，国外《苗蛮图》的收藏情况大致如下：

日本东京帝国大学人类学研究室收藏《黔苗图志》1部②。日本东洋文库藏有《皇清职贡图》9卷9册、《苗册》2册、《苗族风俗图》1册。东京大学东洋文化研究所图书馆藏《苗子风俗画记》1册、《异族图说》1册。日本庆应义塾大学图书馆藏有《内府精绘苗蛮图》1册。日本伊藤清司私人藏《苗图》1册③。

英国收藏中国《苗蛮图》11种。其中，收藏在大英博物馆东方图书室的有6种：

1.《黔省各种苗图》上、下册，收载78幅图；

---

① 芮逸夫主编，台湾“中央研究院”历史语言研究所编辑，台北中华彩色印刷股份有限公司印刷。1973年版。

② 据鸟居龙藏《苗族调查报告》，国立编译馆1935年12月翻译、出版，商务印书馆发行。

③ 有关日本《苗蛮图》的收藏情况见胡起望《东邻馆藏“苗图”实录》，载《黔东南社会科学》（总26期）1989年1月。

2.《苗图》1册，收载48幅图；

3.《云南两迤夷类图说》1册，有云南迤南种人图22幅，迤西种人图22幅；

4.《罗甸遗风•农桑雅化》上、下册，载图40幅；

5.《黔苗图说》4册，总计有图72幅；

6.《普洱府舆地夷人说》1册。

收藏于牛津大学的有4种：

7.《蛮僚图说》2册、82幅图，牛津大学博林图书馆(The Bodieian Library. Oxford)藏；

8.《苗疆图说》1册，有文字说明无图，牛津大学图书馆藏；

9.《黔省苗图》1部4册，共计82幅图，牛津大学比里民物馆（Pitt-Bivers Museum）藏；

10.《贵州苗图》1部3卷，共45幅图。

收藏在伦敦中国内地教会图书馆中文部的有1种：

11.《苗图》1部。

德国也藏有中国的《苗蛮图》文献若干种，目前已知的有：

1.《名人精写苗蛮图》2卷，哥达（Gotha）图书馆藏；

2.《黔省八十二种苗图》2册，德国明兴民俗博物馆（K. B. Ethongraphischen Museum inMunshen）藏；

3.《苗图》1部，德国汉堡弗罗兰教授私人藏①。

4.《滇省迤西迤南夷人图说》1册，藏于德国莱比锡民族博物馆②。

法国一向以西方研究汉学著称，近代又以紧邻我国云南的越南为殖民地，也收集和保存有不少我国的《苗蛮图》文献，据法国巴黎国立图书馆馆

---

① 以上有关欧洲各国《百苗图》的收藏情况参见刘咸《苗图考略》，载《方志》第九卷，第一期，1936年。

② 德国莱比锡民族博物馆东亚部主任因果•南特威希博士在其论文《云南及其民族概况——我馆的云南图册》中将原书全部影印出版，2006年，南特威希博士亲自将论文赠与我，使我可以详细地阅读全书，并将其进行对比研究，为此十分感谢南特威希博士的盛情赠与。

长对本人讲，他们那里就存有《苗蛮图》类文献。贵州的刘雍先生也收到了法国纪可梅女士寄来的法藏《苗蛮图》的复印本[①]。欧美国家，也有少量这类文献，但目前未知其详细情况。

从以上国内外收藏的《苗蛮图》文献来看，不同的图册，因其内容不一，各书的名称也不尽一致。有些学者将这类文献统称为《百苗图》，也有些学者将这类文献统称之为“苗蛮图”或“苗图”。本人在调查阅览数十种清代民族图册的过程中发现，许多单位收藏的民族图册原书并非题为“百苗图”，而多称作某某“苗图”或“苗蛮图”。而“百苗图”之名，大多是藏书者对这类文献的俗称。就连被当今不少学者习称为“百苗图”的陈浩著《八十二种苗图并说》，其原题也不是“百苗图”。根据古文献整理必须忠实于原题的原则，按照原书题意，如果简而称之，则应当称陈浩的著作为《苗图》。如果因书中内容而称呼的话，那么，则应当将其称之为《苗蛮图》，因为书中既有多种“苗人”图，又有多种“蛮人”图。人们之所以将清代的民族图册习称为“百苗图”，是以“百”字代表众多之意，如同历史上习称的“百蛮”、“百越”、“百濮”一样。“百苗”一词，在正式的官方文献中并无明确记载，实出自于民间“苗有白衣”、“苗有百家”等习惯说法。鉴于这种状况，根据清代民族图册的实际内容，本文统称这类文献时，一律使用“苗蛮图”，而不用“百苗图”的概念。

二、《苗蛮图》类文献的研究状况

从以上罗列的《苗蛮图》收藏情况来看，这类文献的保存比较分散，收藏者既有国内外的图书馆、博物馆、研究所等单位，也有不少个人。一般的图书馆都将《苗蛮图》文献视为珍本、善本，博物馆则更当作高级别文物典藏。直到目前为止，贵州、云南公开出版了十几种《苗蛮图》文献，台湾出版了11种《苗蛮图》中的两种，即《苗蛮图册》和《番苗画册》。德国只有

---

① 参见《百苗图抄本汇编·抄本概述》。

莱比锡民族博物馆收藏的《滇省迤西迤南夷人图说》与研究论文一同发表了，其余的大部分《苗蛮图》文献仍然沉睡在书库之中。

这样的收藏状况，对于研究十分不利，尤其是难以对该类文献的整体状况做出准确的判断，更难以对其进行对比性研究。很多文献名同实异，有些文献又是互相摹绘而书名不同。至于同样的文献所存图说数量之多少，差异甚大。据本人调查，同样是贵州的《苗蛮图》，最多者存有图说86种，最少者只有数种而已。

在此情况下，有关《苗蛮图》文献的研究比起其他史志文献的研究来，显得比较薄弱。目前国内外相关的研究状况大体如下。

由于人类学的发源地在欧洲，因此，最先开始注意到《苗蛮图》文献的资料价值、并对其进行研究和介绍的，首先是国外的一些学者，最早的是一些欧洲的汉学家或传教士，他们从19世纪上半叶就开始翻译清代所绘各种《苗蛮图》的文字说明，并结合"苗蛮"图画进行文化人类学和体质人类学的研究。据刘咸《苗图考略》①调查，第一个翻译《苗图》的是德国汉学家诺梦（C.F.Neumann）。他在1837年曾将一本记有79种苗人的《苗图》译成德文，他在译文的引论中说："余承居留广州，克拉克（Clark）君之惠寄《苗图》稿本一部，记述苗族种人七十九种，因译成德文，以供人种学家之考研。"1845年，一位未署名的欧洲学者在《华事汇报》（Chinese Repository）第十四卷发表了译文《苗族种人记述四十一种》，将某种《苗蛮图》的原图序言全部译成英文。1859年，英国教师比里居门（Rev. E.C.Bridgman）在《中国亚洲文会会刊》上发表英译文《苗图附说》，共82种。译文中偶加注释，但未进行详细考证。1894年，来华的传教士兼游历家格拉克（G.W.Cark）出版《贵州与云南》（Kweichow and Yunnan Provinec. 1894）一书，书中以《苗蛮图》为蓝本，记述了82种"苗蛮"的情况。此外，在西方汉学家高尔淦（A.R.Golquhoun）1883年出版的《横渡

① 刘咸：《苗图考略》，载国立山东大学丛刊第二号，又载《方志》第九卷，第一期，1936年。

金沙》（Aeross Chrse）一书中，也引用了《苗蛮图》的资料。

在另外一些西方学者的著述中也对《苗蛮图》有所提及。如在游尔（H. Yule）所编著的《马可波罗游记》第二版中，不仅采用了《苗蛮图》的文字记述，而且采用了其中的一幅图画作为插图。在法国大汉学家高狄（Henri Cordier）编辑的《马可波罗游记》（Travels of Ser Marco polo）第三版中，采用了“生苗”和“九股苗”两幅图画，不知马可波罗当年游历苗疆时，是否见过《苗蛮图》。在高狄所编辑的《中国书目》和所著有关苗瑶论著中，也常论及《苗蛮图》。

中国大陆学者最早注意《苗蛮图》的是刘咸先生，他将这类文献概称为“苗图”。1936年，刘咸先生发表《苗图考略》一文（载《山东大学丛刊》第二号，又载《方志》第九卷，第一期），介绍了所见国内外收藏的数十种各类《苗蛮图》以及国外学者的研究情况，并将他所见到的各本《苗蛮图》所绘124种“苗人”的名称一并列出，以供研究者参考。自此以后的很长时间内，在中国很少再见到有关《苗蛮图》的研究论著，甚至连介绍性文章都很少见。

直到20世纪70年代，我国台湾学者才将台湾“中央研究院”傅斯年图书馆所存的11种《苗蛮图》中的《苗蛮图册》、《番苗画册》[①]影印出版。可惜的是，由于当时两岸文化交流存在着巨大的障碍，大陆学者很少有人在当时就见到这两部书和台湾学者的相关研究论著。中国大陆学者的研究，在中华人民共和国成立之前，涉及《苗蛮图》研究的成果，只有刘咸先生发表的《苗图考略》孤文。中华人民共和国成立之后直至1987年，中国大陆始终未见有关“苗蛮图”研究的成果问世。1988年，国家博物馆的文物专家宋兆麟先生在《文物》第四期上发表《清代贵州少数民族风俗画》一文，介绍并考证了中国历史博物馆（今国家博物馆前身）所藏清代《贵州民族》条幅。通过介绍可知，这件四联条幅的内容是包括28个画面、100多个人物的清代贵州省少数民族社会生活场景。作者认为，该条幅属于贵州“苗蛮图”系列艺

① 台湾“中央研究院”历史语言研究所编，1973年版。

术品，但与其他《百苗图》、《黔中苗族》、《苗蛮图册》相比，本条幅的绘画技巧、包含的内容均属上乘之作。

1989年，当时客座日本的胡起望教授发表了《东邻馆藏“苗图”实录》[①]，概略地介绍了日本收藏《苗图》的情况。该文对于日本东洋文库所藏《苗族风俗图》的内容介绍得比较详细，他在文章中说，该图于“昭和10年（1935）4月15日”入藏东洋文库，共有78幅图，每图附有文字说明，并配有七言诗一首。其他的相关成果仅仅是一些图书目录或研究论著中提及到了《苗蛮图》类文献，如《南方民族古史书录》[②]、《云南书目》[③]等书中均列有部分《苗蛮图》类文献书目。另外，在马新生的论文《“百苗”浅议》[④]、杨正文《苗族服饰文化》[⑤]第一章、伍新福、龙伯亚《苗族史》[⑥]第三章第六节中，也提到了“苗图”类文献。

进入21世纪之初，国家教育部人文社会科学重点研究基地云南大学西南边疆少数民族研究中心组织黔、湘、滇三省部分学者，对《苗蛮图》文献展开了系列研究，取得了前所未有的成果。贵州民族出版社以《百苗图研究丛书》的形式，先后出版了《百苗图校释》（李汉林著，2001年7月）和《百苗图汇考》（杜薇著，2002年12月）两部专著，可谓成果喜人。湖南吉首大学李汉林君所著《百苗图校释》一书，以清嘉庆初年陈浩所著《苗蛮图》为底本，参稽他本十数种，对《苗图》之“图说”部分的文字记录进行了比勘。杜薇撰著的《百苗图汇考》，对《百苗图》的体例传承、苗族支系、侗族称谓以及《百苗图》中所反映的苗族经济生活、社会制度和服饰、婚配、信仰等风俗进行了概括描述。

2004年3月，作为《西南边疆民族文库·边疆文化研究丛书》之一，刘

① 胡起望：《东邻馆藏“苗图”实录》，载《黔东南社会科学》1989年1期。
② 吕名中主编：《南方民族古史书录》，四川民族出版社，1989年版。
③ 李小缘编：《云南书目》，云南人民出版社，1988年版。
④ 马新生：《“百苗”浅议》，载《中央民族大学学报》1996年第3期。
⑤ 杨正文：《苗族服饰文化》，贵州民族出版社，1998年版。
⑥ 伍新福、龙伯亚：《苗族史》，四川民族出版社，1992年版。

锋的《百苗图疏证》问世[1]。该书将《苗蛮图》文献中的“苗蛮”分作五大类，即苗瑶类、百越类、氐羌类、汉移民类和存疑类，逐一进行研究，重点将《苗蛮图》中的每种“苗蛮”与今天的民族相对应，其结论是陈浩所著《百苗图》中82种“苗蛮”，分属于今天的苗、瑶、布依、侗、水、壮、毛南、仡佬、彝、土家、白、汉等12个民族。另将“狗耳龙家”等5种“龙家”的民族属性作为存疑篇进行了推论性剖析。

以上这3部开创性的著作，的确为《苗蛮图》的进一步研究打下了很好的基础，拓展了研究的空间。除以上成果之外，尚有资料性丛书的出版。如贵州人民出版社出版的《百苗图抄本汇编》[2]、云南美术出版社出版的《清代滇黔民族图谱》[3]等。

1997年，青海人民出版社编辑出版的《清代民族图志》[4]也发表了百余幅《苗蛮图》文献中的图画，并利用了文献中的一些文字，对清代各民族进行了简单介绍。

除以上研究专著之外，近年来也有一些研究论文陆续发表。这些论文主要有：

李宗放的《黔苗图说及异本的初步研究》[5]。该文对《黔苗图说》不同版本的名称、作者、收藏、时间、类型、价值、画幅的名称顺序、图说配诗的异同、画幅和文字的错漏以及和其他文献的关联，仅进行了简单的比较和论述。作者认为，《黔苗图说》就是《八十二种苗图并说》，其原作者是八寨理苗同知陈浩，“继作者”是《黔记》的作者李宗昉。

李宗放的这篇文章，有些粗糙。实际上，如本书上一节所介绍，《苗蛮图》的种类众多，就贵州“苗图”而言，也绝不止一两种。其原作者、继作

① 刘锋：《百苗图疏证》，民族出版社，2004年版。

② 杨庭硕、潘盛之编著：《百苗图抄本汇编》，贵州人民出版社，2004年版。

③ 云南大学图书馆编：《清代滇黔民族图谱》，云南美术出版社，2005年版。

④ 李泽奉、刘如仲编著：《清代民族图志》，青海人民出版社，1997年版。

⑤ 李宗放：《黔苗图说及异本的初步研究》，载《西南民族学院学报》（社会科学版），1995年第4期。

者、传抄者、印刷者极为复杂，绝不是可以简单地下断语的。可见作者对于众多《苗蛮图》的整体情况知之甚少。至于文中介绍的收藏情况更是挂一漏万，如中国社会科学院民族学与人类学研究所收藏有近20种《苗蛮图》，李宗放论文中只介绍了1种，而对中央民族大学收藏的19种《苗蛮图》则全未涉及。另外，文中所言 “陈浩原本《百苗图》在乾隆时期就已经成册”、“石印本是民国二年的”等缺乏根据的错误说法，以及“图说”部分中配诗的比较、“苗蛮”分布的比较、绘图的比较等描述，均难以令人信服，确实属于“初步研究”之作。但是，我认为，即使是“初步研究”，也应该把基本情况搞清楚之后再发表看法。

湖南吉首大学李汉林先生，在本校学报2000年第4期上撰文论述了《百苗图》原本的编排体例问题，他认为，列有82种“苗蛮”的《百苗图》原本已佚，后世传抄本编排无序。因此，他根据《黔记》、《苗蛮图册》对《百苗图》的编排体例和规则进行了探讨。其结论是，《百苗图》罗列的各种“苗蛮”的称谓，是按照编排者理解的民族支系、亚支系以及更小的人群集团去组织和编排的[①]。

同年，杜薇女士在《民族研究》第4期上发表《台湾新版〈番苗图册〉真伪及价值考辨》的文章，通过对比各种《百苗图》的版本，分析《番苗画册》的配图背景、内容和绘画技法、书写格式、印鉴使用惯例、文字错漏等情况，断定该书为赝品，是清末或民国初年的书商为了牟利炮制而成的。文中认为，《番苗画册》的画作者绝不是书中所题的“臣郎世宁恭绘”。图说文字更不是出于“工诗善画”、曾为清康熙、雍正两朝大学士、户部尚书、太子太傅并做过云贵总督的蒋廷锡之手。书尾所题“康熙四十年”的时间也是假托的。其主要理由是，图说的内容多出自清代中晚期，而非清初康熙时代所有。图说文字中错别字、俗体字较多，“苗蛮”排列混乱无序，文字说明多有错乱等等，该书定是后人所伪造。

2003年，中央民族大学祁庆富教授发表《〈皇清职贡图〉的编绘与刊

① 李汉林：《百苗图原本编排体例探析》，载《吉首大学学报》2000年第4期。

刻》[①]一文，该文主要论证了清代乾隆年间绘制少数民族图册《皇清职贡图》的创制背景、成书经过、写本与刊本的关系以及嘉庆朝补绘本和刊本的情况。实际上，清代盛行《苗蛮图》，与《皇清职贡图》的绘制有关，正是由于乾隆皇帝要绘制全国各民族图册，从而带动了地方官员和文人画家描绘边疆，尤其是云贵等南方少数民族形象的风气。在描绘少数民族人物形象及劳动、生活场景的图画旁，加上对该民族历史沿革、民族性格、风俗习惯等文字说明，便形成了各式各样的《苗蛮图说》。当时，祁先生的文章还未将《皇清职贡图》的绘制与《苗蛮图》的出现直接联系起来。同一年，祁先生又在《苗疆考》[②]一文中，论述了“苗疆”的设置、“苗疆”的性质等情况，明确指出，由于平定“苗疆”，从而开启了乾隆朝绘制《皇清职贡图》的肇端，而“在御制《皇清职贡图》的影响下，有清一代，绘制少数民族人物风俗的图册接踵而出，蔚然成风。其中，《苗蛮图》的绘制、传布尤为突出”。该文认为，广义的《苗蛮图》，是南方各种名称的少数民族图册的泛称。与此文相关联的是祁庆富教授在《民族古籍》2002年第二辑上发表的《清代“苗蛮图”研究资料述略》一文，对他当时所了解到的有关《苗蛮图》的存在情况作了初步的介绍，限于当时的条件，介绍并不全面。

在以上文章的基础上，2003年，祁教授以《绚丽多彩的清代民族画卷》为题，概述了“苗蛮图”研究的动态。他在文章中认为，“至今，《苗蛮图》的研究只能说刚刚起步，更多的《苗蛮图》珍宝仍然等待学者去发掘、整理、出版”。

2004年初，贵州省民族研究所的余宏模先生发表了题为《清人图录中的仡佬族形象》[③]的论文，该文以作者在东京购得的《谢遂（职贡图）满文图说校注》和台湾“中央研究院”历史语言研究所影印的《苗蛮图册》、《番苗画册》为基本资料，介绍了图画和图说文字中所反映的清代前期仡佬族形

① 祁庆富:《〈皇清职贡图〉的编绘与刊刻》，载《民族研究》2003年第5期。

② 祁庆富：《绚丽多彩的清代民族画卷》，载《中国民族纵横》一书，中央民族大学民族学与社会学学院、中国少数民族研究中心编，民族出版社，2003年版。

③ 余宏模：《清人图录中的仡佬族形象》，载《贵州民族研究》（季刊）2004年第1期。

象的问题。通过介绍各书对于仡佬族的记述，认为："清代嘉庆年间以后，人们对仡佬族的认知，或以服饰颜色、或以发式差异、或以服装类别、或以经济生活而区别为9种不同的称谓，较之明代和清代前期是有所扩大和深化了。"该文同时指出，称谓为仡佬族的，并不一定都是仡佬族，在研究过程中应持慎重态度。

2005年末，在中国社会科学院民族学与人类学研究所主办的《民族史研究》第4期上，贵州省博物馆胡进副研究员发表了《百苗图渊流考略——以〈黔苗图说〉为范本》一文。认为"百苗图"是历史背景较为复杂的一种反映古代贵州少数民族的地方文献，版本众多。它们是源自清人陈浩著的《八十二种苗图并说》。文章以贵州省博物馆收藏的一部《黔苗图说》册页为例，对其源流做了简单考证，认为《黔苗图说》的母本并非某一时代实地调查的第一手资料，而是利用许多地方文献的相关材料编纂成册的。具体来说，其资料来源于乾隆朝编纂的《贵州通志》。陈浩的《八十二种苗图并说》也很可能不是陈浩亲自调查得来的。胡进的文章涉及了《苗蛮图》的文献价值问题，研究的角度较为新颖而深入。

综上所述，对于《苗蛮图》文献的研究，已经出现了很好的趋势，从简略的披露性介绍文章到具体而细致的个案研究，从个别问题的研究，到不同文献的比较考证，《苗蛮图》文献的研究成果在逐渐增多，研究水平也在步步升高。但是，毋庸讳言，与数以百计的《苗蛮图》文献种类相比，目前的研究成果还显得太少，就《苗蛮图》文献所承载的丰富而具体的民族历史文化内容而言，研究的深度和广度还很不够。本人认为，总体分析目前《苗蛮图》类文献的研究状况，至少还存在以下一些问题。

第一，许多文献还不为研究者所知，因此，根本不可能有相应的研究成果出现。由于研究者不了解《苗蛮图》文献的整体概况，得出的结论也就会有些片面。比如，对于《苗蛮图》文献的价值问题，有些学者认为《苗蛮图》不是绘制者亲自调查所得，而是从文献上传抄而来，这样的文献，其价值比起作者亲自深入民族地区、逐个民族进行考察之后创作的文献价值就会低很多。而实际情况是，有些《苗蛮图》可能是作者根据现有的文献抄袭而成的，也有些《苗蛮图》则是作者长期深入民间了解各少数民族习性和生产、生活情况，在掌握了大量第一手资料的前提下绘制出来的。如本书所研究的《黔南苗蛮图说》的情况就是如此。这部文献的作者桂馥不仅是在贵州从政30余年的“黔中老吏”，而且是经常步入深山密林，留心民事，对各民族之生产、生活亲闻目见的画家。他绘制的《苗蛮图》以及“图说”，多来自他的耳闻目睹，丰富而详细，决非一般史志文献可比。因此，对于《苗蛮图》类文献的研究、评价，不能以偏概全，只以一种或数种文献就得出《苗蛮图》文献价值的结论。对于《苗蛮图》文献存在的状况和真伪等情况，更应该多做些较全面的调查，深入比较研究之后再下断言。

第二，对于《苗蛮图》类文献的性质，在目前的研究成果中还没有得到充分的认识。许多研究都认为，《苗蛮图》是清代形成的地方民族史志文献。有的干脆认为《苗蛮图》或《百苗图》就是源自清嘉庆初年成书的陈浩所著《八十二种苗图并说》。这是一个极大的研究误区，有了这样的观点，直接影响到了对于《苗蛮图》文献性质的探讨。实际上，《苗蛮图》类文献的绘制，从一开始就不是地方政府、地方官吏或绘画者个人的行为，更不是出于某些文人雅士的兴致、爱好而产生的。而是一种国家的行为，是封建皇帝或中央政府为了区别、了解统辖区内的各个民族、以便进行有效的统治而采取的重要政治举措。而且，《苗蛮图》文献源远流长。早在南朝萧梁时期就已经出现了非常接近于清代《苗蛮图》的文献。如果上溯到《周礼·夏官》所载：“职方氏，掌天下之图”的图，以周代的“职方图”为肇端，则《苗蛮图》类文献的起源还会更早。实际上，将周代的“职方图”作为《苗蛮图》的源头，也是有充分理由的，因为周代职方氏所掌“天下之图”，其内容就包括有“辨其邦国、都鄙、四夷、八蛮、七闽、九貉、五戎、六狄之人民，与其财用、九谷、六畜之要数，周知其利害”①。从历史的记载来看，不仅周代、萧梁有由中央机构专门绘制的《苗蛮图》类文献，历代王朝为了统辖版图之内的民族或处理与周边民族或政权的关系，也都要绘制类似

① 《周礼注疏》卷三三，“职方氏，掌天下图条”，见《十三经注疏》上册，第861页，中华书局影印本，1979年版。

的文献，本章下一节将作详细论述。这样说来，《苗蛮图》的性质就不仅仅是地方上的、或只关乎某些少数民族的史志文献，而应当对这类文献的性质给予适当的、客观的评价。弄清这类文献的性质，对于搞清封建王朝如何对边疆民族进行归类、划分，怎样制定对不同民族的剿、抚等民族政策，对于不同地区、不同性质的民族问题采取何种治理措施，具有十分重要的意义。

第三，从目前有关《苗蛮图》研究的成果看，涉及贵州地区《苗蛮图》的研究较多，而对于云南等地《苗蛮图》研究成果较少；对于《苗蛮图》文献中所载各民族属性的研究较多，而对于《苗蛮图》文献中记载的大量历史事实的研究较少；对于图说文字表面信息的研究较多，对于文字所表达的各民族历史、文化、宗教等信息的研究较少；从文献学的角度对于图说文字研究的较多，从人类学的角度对绘图内容的研究较少。像前面介绍的那样，有些研究只是基础性的文字校勘，有的研究则是对《苗蛮图》中“苗蛮”种类的归类。明显缺乏系统和深入的研究，尤其是缺乏历史材料的大力支撑。

鉴于以上问题，近年来本人在广泛收集《苗蛮图》文献资料的基础上，试图抓住一些较为深层次的问题进行探讨，以期将《苗蛮图》的研究引向深入。先后发表了《苗蛮图文献的收藏、研究与渊源》[①]、《清光绪石印本〈黔南苗蛮图说〉考补》[②]、《伯麟图说考异》[③]等论文，不仅对贵州的《苗蛮图》展开研究，也对有关云南古代民族的图册文献进行探讨。2005年，本人获得了教育部人文社会科学研究基地重大研究项目的支持，以“清代民族图册综合研究”为课题，开始对云南、贵州等地的《苗蛮图》文献进行全面的调查与综合性研究，以期收获更多的研究成果。本书正是在前期研究的基础上，重点研究《黔南苗蛮图说》的一部专著，也是“清代民族图册综合研究”的中期成果之一。

① 李德龙：《苗蛮图文献的收藏、研究与渊源》，载《中国南方民族史研究文集》，群言出版社，2005年版。

② 李德龙：《清光绪石印本〈黔南苗蛮图说〉考补》，载《中央民族大学学报》2005年第3期。

③ 祁庆富、李德龙：《伯麟图说考异》，载《民族研究》2007年第1期。

三、《苗蛮图》类文献的渊源

从前面所列《苗蛮图》收藏的情况可以看出，清代《苗蛮图》的绘制是较为盛行的，既有大量的私人修撰，也有一些官方的绘制。那么，是否只有清代才有此类少数民族图册呢？如果清代以前就有此类文献，那么这类文献又是源于何时呢？从本人目前掌握的材料来看，这类边疆少数民族图册文献，起码可以追溯到南朝时期，甚至更早。

清乾隆四十三年（1778），《四库全书》总纂官纪昀在做《皇清职贡图》提要时指出："考《南史》，载梁武帝使裴子野撰《方国使图》，广述怀来之盛，自荒服至海表，凡二十国。张彦远《历代名画记》载梁元帝有《职贡图》。史绳祖《学斋佔毕》引李公麟云，元帝镇荆州，作《职贡图》。状其形而识其土俗，凡三十余国。其为数较今所绘，不及十分之一。至《山海经》所载诸国，多出虚撰，既不足凭。《汉书》西域传以下史家所述，多出传闻，核以道里山川，亦往往失实。又不及今之所绘，或奉赘贡篚，或亲覩其人，或仗钺乘轺，实经其地，允摄提合，雒以来所未覩之隆轨然。"[①]按照纪晓岚的说法，在梁武帝和梁元帝时，已经出现了《方国使图》和《职贡图》等文献，这些图书的内容就是描绘各国人物的形状、记载其土著风俗的。这里的"二十余国"、"三十余国"应该包括边疆的各种少数民族和国外的民族，因为纪晓岚是将"诸国"与《汉书》西域传所载边疆民族相提并论的。虽然今天看不到梁朝时期的《方国使图》和《职贡图》了，但是从上面的叙述来看，这种文献与清代《皇清职贡图》和《苗蛮图》的形式与内容应是十分相似的。

唐人张彦远在其著作《历代名画记》中记载："古之密画珍图，故多散逸人间，不得见之。今粗举领袖，则有……《职贡图》。"[②]在《历代名画记》之《职贡图》条下面，张彦远列举了该图的内容是："外国酋渠；诸蕃土俗本末；仍各图其来贡者之状。金楼子言之，梁元帝画。"由此可见，梁

---

① 《四库全书总目》卷七一，《史部地理类》四，《皇清职贡图》提要。

② ［唐］张彦远《历代名画记》卷三，《述古之密画珍图》，人民美术出版社，1963年版。

代的《职贡图》与清代的《苗蛮图》十分相像。

梁代将画有边疆民族人物形象并记载其土俗本末的图册，称之为《方国使图》或《职贡图》，其意义并不难解。《方国使图》之意为“地方使者之图”。《职贡图》之所谓“职贡”，是指古代周边各民族政权向中央王朝尽职纳贡之意。这实际上体现着中原王朝统治者要把周边民族纳入自己的统治范围，实现“普天之下，莫非王土，率土之滨，莫非王臣”的理想。绘制《方国使图》和《职贡图》正是实现这一愿望的表现之一。周边民族向中原王朝尽职纳贡的制度，早在周代就已经形成，而且，当时就已经出现了绘制职方之图的做法。《周礼·夏官》载：“职方氏，掌天下之图，以掌天下之地。辨其邦国、都鄙、四夷、八蛮、七闽、九貉、五戎、六狄之人民，与其财用、九谷、六畜之要数，周知其利害。”①这里的“天下之图”不仅包括山川地理图，也包括边疆“蛮夷”等内容，完全有理由说，这种职方氏所掌的天下之图，就是《苗蛮图》类民族史志文献之滥觞。

在宏博开阔的唐代，绘制周边及外国番官风俗图，已经成为一种制度。唐玄宗开元七年（719）令云：“诸其外夷每有番官到京，委鸿胪，讯其本国山川风土为图，以奏焉，副上于省。”《唐六典》卷五：职方郎中员外郎条载：“其外夷每有番官到京，委鸿胪，讯其本国山川风土为图，以奏焉，副上于省。”②这些记载说明，唐代中央官府中鸿胪寺的职责之一，就是绘制边疆外夷番官以及他们那里的山川地理风土图，而且要上报到中书省。为了绘制得准确，要利用每一次外夷番官到京的机会，向他们询问其风土人情。

唐代绘制边疆民族和外国人物风俗图的制度，也像唐代的“均田制”和“租庸调制”等制度一样，传播到了日本。《日本养老公式令》第七十九条规定：“凡远方殊俗人来入朝者，所在官司，各造图，画其容状衣服，具序名号处所，随讫奏闻”③。

---

① 《周礼注疏》卷三三，《十三经注疏》上册，第861页，中华书局影印本，1979年版。

② ［日］仁井田升《唐令拾遗》杂令补遗，长春出版社，1989年版。

③ ［日］仁井田升《唐令拾遗》杂令补遗，长春出版社，1989年版。

宋承唐制，“国朝职方掌天下地图，以周知方域之广袤及城隍、堡寨、烽候之数，番夷归朝内附之事”[①]。宋代的地图是否有“番夷”人物形象不得而知，但上面有“番夷归朝内附之事”则是肯定的。

到了清代，疆域辽阔的统一多民族国家形成，朝廷对于职贡之制异常重视。乾隆十五年（1750），四川总督策楞上谕，将其辖境之内的“西番、猡猡男、妇形状，并衣饰服习，分别绘图注释”，这就是著名的《皇清职贡图》编纂的序幕。次年，大学士傅恒向各督抚发告谕旨：“大学士忠勇公臣傅恒奉上谕：我朝统一区宇，内外苗夷，输诚向化，其衣冠状貌，各有不同，著沿边各督抚，于所属苗、猺、黎、獞，以及外夷番众，仿其服饰，绘图送军机处，汇齐呈览，以昭王会之盛。”[②]至乾隆二十六年，空前完备的边疆少数民族图册《皇清职贡图》始告完成。初分四卷，共绘制各民族及外国民人男女290幅图画，其中，涉及贵州民族的图画共有42幅。后又制作成印本，于乾隆二十八年成书，分为八卷，将原图像一分为二，男女各幅，画面增加至580幅，并收入了《四库全书》的《史部•地理类》中。由此可见，清王朝对修撰少数民族图空前重视，《皇清职贡图》是在乾隆皇帝亲自监督之下完成的，乾隆不仅为每一卷图御撰题额，亲钤宝玺，而且御制诗文，并下诏令摹写、刊刻，影响十分深远。正由于此，有清一代，官私摹绘边疆少数民族人物风俗图画者才相继接踵出现，致使《苗蛮图》类的作品层出不穷。

纵观各代有关民族图册的绘制，可以说这类文献源远流长，早在西周时代就已见端倪，萧梁时代的民族画作已经进入唐人的名画目录之中，唐代绘制边疆民族人物图已经制度化。以后各代不断出现类似的文献，到清代形成了民族人物形象的绘画高峰。就其制作目的和性质而言，这类图册，从一开始就是在各代最高统治者直接指使之下，为了远大的政治统治理想和目的而做成的。

---

① ［宋］孙逢吉：《职官分纪》卷十，《职方郎中》，中华书局影印本，1988年版。

② 《皇清职贡图》御制诗序，见《四库全书》第五九四册，《史部》三五二，《地理类》。

四、《黔南苗蛮图说》研究的意义、内容与方法

清代《苗蛮图》文献种类繁多，本书重点研究的是清代后期光绪年间成书的《黔南苗蛮图说》。之所以选择这本文献作为研究的重点，主要是出于以下几点考虑：

首先，经过清代前期的历史演变和对贵州民族的识别，到光绪年间，朝廷对于黔省民族的认知水准已经基本定型。也就是说，《黔南苗蛮图说》中所表现的贵州民族种类，代表着清朝政府对贵州民族的最后认知程度。有针对性地研究此书，具有表现清代民族识别水平的意义。

其次，在众多的贵州《苗蛮图》文献中，《黔南苗蛮图说》记载的民族种类共有86种，是目前国内外所知同一种书中记载贵州民族种类最多、各种民族的信息量最大的文献。对此文献进行深入的研究，可以较为全面地掌握清代贵州各个民族的整体状况。

第三，《黔南苗蛮图说》中“说”部分，内容最为丰富，不仅有一般《苗蛮图》中所记载的诸如民族名称的由来、历史沿革、服饰、风俗、生产特色、性格特点等等，更有大量的历史背景资料，以及明清以来尤其是自清朝建国以来贵州各个民族与中央王朝关系的详细记载，诸如各民族反对清王朝的斗争、清王朝采取的平定策略、每次征战民族地区的结果以及当地各民族对清军的态度等等。有时还有清政府对贵州各民族如何进行安抚的记录，也有当地不同民族之间互相联合或互相争斗的史实。在这些历史记录当中，不仅有封建政府以及各个民族的人物，更有各种历史事件发生的具体时间、地点和事件的结果。因此，对《黔南苗蛮图说》进行细致的研究，具有理清清朝民族政策、弄清清朝贵州民族关系的重大意义。

第四，《黔南苗蛮图说》的作者桂馥，是在贵州生活了30余年、经常深入民间、十分熟悉贵州各民族生产、生活状况的地方官吏和文人画家。由他绘制并撰写的《黔南苗蛮图说》具有很大的真实性。桂馥不仅能写会画，而且具有治理民族地区、使之长治久安的丰富经验，同时具备较高的民族理论水平。他总结了贵州民族治理的经验并亲笔创作了《苗蛮久安长治论》，提出了封建时代处理民族问题的多项原则和意见，许多观点具有积极意义。对于《黔南苗蛮图说》进行深入探讨，可以为今天处理民族问题，促进民族地

区社会、经济和谐发展起到一定的借鉴作用。

第五，《黔南苗蛮图说》为印本古籍，图文并茂，内容丰富，水平很高，是一部民族史志文献的精品。光绪朝面世之后，不少名家为其作序、写跋，这些序、跋，如今全部完整地保存在原书之中。尽管如此，到目前为止，却没有一篇研究此书的论文发表，甚至在已经发表的所有研究《苗蛮图》文献的成果中，没有任何一篇文章提及此书！因此，可以说，对于桂馥《黔南苗蛮图说》的专项研究，还是一块尚未开垦的处女地，本研究具有填补空白的意义。

基于以上想法，本项研究本着实事求是的精神，试图运用历史唯物主义的观点和民族学、历史学的研究方法，对《黔南苗蛮图说》进行深入剖析，提出若干问题并一一加以解决。具体研究方法是：

首先对《黔南苗蛮图说》的版本、作者、成书情况进行考察，彻底弄清《黔南苗蛮图说》编写、绘制、刻印的背景和时间以及作者桂馥的情况，并对中央民族大学图书馆藏本缺佚的第41种“苗蛮”进行考证和补遗。

其次，对《黔南苗蛮图说》及其清代文献关于贵州“苗蛮”种类记载状况进行研究。对比清代各种文献中关于贵州“苗蛮”种类的划分情况，揭示清代对于贵州民族的认知程度。

第三，探讨《黔南苗蛮图说》中关于“苗蛮”种类的划分原则与方式，说明清代后期贵州地方上是以何种方式区别不同民族或民族群体的。

第四，研究《黔南苗蛮图说》中贵州86种“苗蛮”的民族属性，根据文献记载和民族学的调查研究，按照今天的民族划分标准，对《黔南苗蛮图说》中的“苗蛮”加以民族识别。

第五，对《黔南苗蛮图说》所载“苗蛮”“叛乱”的史实进行疏证。主要梳理清前期发生在黔省的几次“苗蛮”起事，以此表明清代贵州民族与中央政府的关系和地方民族关系。

第六，研究《黔南苗蛮图说》所反映的清代贵州民族的生产活动和文化风貌。重点探讨贵州少数民族与汉族之间互相渗透的生产方式以及各民族和而不同的文化生活。

如前所述，《黔南苗蛮图说》的专门研究，是一个全新的课题，尽管对于这个课题的研究有着多方面的重大意义，但是，由于本人对民族学、人类学、绘画艺术理论等方面的欠缺，由于研究资料的不足，本项研究仍会存在许多缺点。对此，本人只希望以本书作为引玉之砖，在得到专家批评的同时，不断改进，使《苗蛮图》文献以及民族学、民族历史文化的研究迈上新的台阶。

壹

第一章 《黔南苗蛮图说》的版本、作者、成书时间及其缺文考

第一章
《黔南苗蛮图说》的
版本、作者、成书时间及其缺文考

任何事物都有一个发生、发展、成熟、衰败的过程，《苗蛮图》的绘制和著述也是如此。绘制边疆少数民族图古来已有，到了清代可谓蔚然成风，从清前期到清末，《苗蛮图》文献异彩纷呈，层出不尽。成书于清光绪时期的《黔南苗蛮图说》，应该说是《苗蛮图》文献成熟时期的产物。对《黔南苗蛮图说》进行专门的研究，具有《苗蛮图》类文献研究的典型意义。本章首先对这部文献本身的状况进行探讨。

一、《黔南苗蛮图说》的概况及其版本

《黔南苗蛮图说》①一函二册，清光绪年间刻本。全书首尾完整，描绘和记载贵州各地"苗蛮"86种②，为贵州同类《苗蛮图》著作所载"苗蛮"种类最多者。除了"苗蛮"图及图说正文之外，书前载有许乃兴、段荣勋、张日崙、孙清彦的序文和史念祖的跋文，以及桂馥的《苗蛮久安长治论》和《黔南苗蛮图说叙》各一篇。本书名人序跋之多，在各种《苗蛮图》文献中是绝无仅有的。

《黔南苗蛮图说》封面为隶书空心廓字"黔南苗蛮图说"、"三琴一剑之室藏版"，并钤有朱文"三琴一剑之室"印和白文"桂氏筱薌珍藏书画印"各一方。

---

① 中央民族大学图书馆古籍库典藏本。

② 中间缺第41种"苗蛮"的图画及图说文字，本文将在后面对其进行考证和补充。

《黔南苗蛮图说》的绘图和图说之正文部分均为黑白刻版印刷，字体一律为工整的小楷；许乃兴、段荣勋、张日崙、孙清彦的序文和史念祖的跋文，以及作者桂馥的《苗蛮久安长治论》和《黔南苗蛮图说叙》则为墨笔手书。其书法，或真或行，或隶或草，无一不是娴熟潇洒，劲健有力，堪为佳臬。

今日所存贵州《苗蛮图》绝大多数为手绘本或抄本、摹本，印本极为少见。在众多的手绘本中，所载“苗蛮”种类最多者不超过82种。好友李汉林君校释的《百苗图》[①]，是以陈浩所著《八十二种苗图并说》为底本，并参稽了贵州省博物馆等单位和刘雍等个人所藏共10 种黔省《苗蛮图》以及台湾所藏《苗蛮图册》和《番苗画册》[②]。在这10种《百苗图》中，无一达到记载“苗蛮”86种者。陈浩的《八十二种苗图并说》和台湾“中央研究院”历史语言研究所影印的《苗蛮图册》记载的“苗蛮”皆为82种。台湾历史语言研究所影印的《番苗画册》，只载“苗蛮”16种。贵州省刘雍先生收藏的三种《苗蛮图》，其一为《七十二苗全图》，是个残本，现仅存“苗蛮”69种，从书题来看，即使是个全本，所载“苗蛮”也不过72种。其二为《黔苗图说四十幅》，绘写“苗蛮”40种。其三为《百苗图》，所载“苗蛮”种类更少。贵州省博物馆收藏的《黔苗图说》（上、下册，《百苗图抄本汇编》称其为博甲本）共载“苗蛮”80种。贵州都匀黄氏家藏本《百苗图》（《百苗图抄本汇编》称其为民院本）仅存苗蛮图41幅。其余的如贵州省博物馆、贵州省图书馆、贵州师范大学等单位收藏的《苗蛮图》，所载“苗蛮”最多者也不过76种，最少者不足10种。

大概由于资料搜集的难度所限，李汉林君所著《百苗图校释》以及近年来相继出版的《百苗图汇考》[③]、《百苗图疏证》[④]等书，都未能参考内容

① 李汉林：《百苗图校释》，第10页。贵州民族出版社，2001年版。

② 台湾“中央研究院”历史语言研究所影印苗蛮图集之一《苗蛮图册》、之二《番苗画册》，1973年版。

③ 杜薇著：《百苗图汇考》，贵州民族出版社，2002年版。

④ 刘锋著：《百苗图疏证》，民族出版社，2004年版。

丰富的《黔南苗蛮图说》，甚至连2004年7月出版的精装本《百苗图抄本汇编》[①]，也未提及桂馥的《黔南苗蛮图说》，这不能不说是一大缺憾。正因为如此，笔者认为有必要对该书进行较为全面的介绍与考证，以促进学术界对《苗蛮图》类文献进行更深入的研究。

二、《黔南苗蛮图说》的作者

在众多的《苗蛮图》文献中，传抄本、摹绘本、习作本所占比重较大，而且多数不著描绘的时间与作者姓名，给这些文献的研究带来了较大的困难。十分可贵的是，《黔南苗蛮图说》不仅有书画作者、刊刻印者的信息，而且有可推定的完稿和印本成书时间。

首先，在《黔南苗蛮图说叙》的首部，可以看到钤有“吾年五十以后所作”闲章一枚，《叙》之结尾处有“臣桂馥印”、“筱薌”二名章及“一生多费买书钱”的阳文闲章一方。《黔南苗蛮图说叙》的落款是“光绪七年岁在辛巳，嘉平月朔日，临川桂馥筱薌氏并书于黔寓三琴一剑之室”[②]。本书最后一页“第八十六种白儿子”的尾题为“珊琴外史筱薌画”，并钤押有“临川桂氏”之章。由《黔南苗蛮图说叙》的印章和落款可以看出，作者是寓居贵州的临川人士桂馥，“筱薌”应该是他的字号，他的寓所或书房称之为“三琴一剑之室”。再结合全书最末尾的题记“珊琴外史筱薌画”，和与此相接的印章“临川桂氏”，完全可以断定，本书的原画者就是《黔南苗蛮图说叙》的作者桂馥。

不仅如此，根据书的封面上有“三琴一剑之室藏版”的封题还可推知，桂馥不仅是原书“图”和“说”的作者，也是主持本书的刻印之人。因为“三琴一剑之室藏版”的印章表明，“三琴一剑之室”的主人桂馥藏有该书的刻板，而该书的原画又是桂馥所为，这就不难看出，桂馥所作的《黔南苗蛮图说》，又由他自己负责刻印成了印本，并理所当然地保存着刻板。

---

① 杨庭硕、潘盛之编著：《百苗图抄本汇编》，贵州人民出版社，2004年版。

② 《黔南苗蛮图说》，中央民族大学图书馆藏光绪刻本。

桂馥何许人也？翻检《清史稿》及《清史列传》，很容易见到一位多为人知的清代前期著名的文字学家桂馥，但是，那位桂馥字冬卉，山东曲阜人①，为乾隆五十五年（1790）进士。其时代和籍贯均与《黔南苗蛮图说》作者的桂馥毫无关系。据《黔南苗蛮图说》印本的题记可知，本书的作者桂馥，字筱薌，号筱薌太守，又自称“珊琴外史”。临川（今江西抚州）人氏，寓居贵州，其居舍别名为“三琴一剑之室”。又据《黔南苗蛮图说叙》“光绪七年岁在辛巳嘉平月朔日，临川桂馥筱薌氏并书于黔寓”的尾题可知，这位桂馥为清光绪朝人。再根据《黔南苗蛮图说叙》首部的“吾年五十以后所作”的闲章，可以推算出，这位在光绪七年（1881）已经年过五十的桂馥，当出生于道光十一年（1831）以前的数年间。

关于《黔南苗蛮图说》作者桂馥其他可以钩沉的事迹，还有如下记载：“筱薌籍江西，善画，能文章。为人豪俊、脱落。咸丰戊午（咸丰八年，1858）橐笔来黔。时军事棘，筱薌以战守功累阶权州篆。自是驰驱鞅掌逾三十年。”②从前面推测所得，这位江西籍的桂筱薌，出生于道光十一年（1831）之前数年，咸丰八年（1858）来贵州时，当年近30岁左右，由于在黔期间获得战功，晋升为贵州要员，执掌州权。

在段荣勋为《黔南苗蛮图说》所作的《叙》文中，是这样记述桂馥的：“豫章桂筱薌太守，黔中老吏也。性嗜古，工画……光绪戊子（1888）总司习安榷务……暇时出所著《训女图说》并重绘《养蒙图》……己丑（1889）夏，又以所绘《苗蛮图》嘱叙于余。”③由此可知，桂馥被称为“太守”，“总司习安榷务”，说明桂馥是负有安抚贵州之责的流官。由于此人来贵州时间较长，因而被称为“黔中老吏”。桂馥不仅绘制了《苗蛮图》，也曾经绘写《训女图说》，并且重新绘制过《养蒙图》。此处被称为《苗蛮图》者，显然是指段荣勋为之作叙的《黔南苗蛮图说》。综合以上记载来看，这

---

① 《清史稿》第四八一卷，《儒林传》二，《桂馥传》。

② 许乃兴：《黔南苗蛮图说序》。

③ 段荣勋：《黔南苗蛮图说叙》。

位对于贵州民族情况十分熟悉的桂馥，是一位“嗜古、工画”的学者型贵州地方高级官吏。

从《黔南苗蛮图说》的一系列序文、跋文来看，还可以继续勾画出本书作者桂馥其他方面的特点，弄清楚这些特点，对于正确评价本书的历史文献价值和艺术价值都有重要意义。桂馥身为贵州一方的重要官员，其性格是“嗜古”，其功力在“工画”，他虽为“黔中老吏”，却绝不官僚成性，威霸一方，而是终年深入民间，识别民族、聚落，了解民风民俗，是一位政治头脑清醒、文化素养较高、为官作风朴实，对于贵州民族本源、枝末了如指掌且绘画功力深厚的清官。

关于桂馥的政治素养，从他的《苗蛮久安长治论》中即可清楚地看到。桂馥认为，“从古治乱之故，虽曰天命，岂非人事？蚩蚩小民，载舟覆舟。抚之得道，皆吾赤子，抚之失道，即为封豕、长蛇”。对于贵州“苗蛮”究竟应该如何治理？桂馥总结了一套成熟的理论。对于“苗蛮”，是抚是剿？抑或剿抚并用？桂馥从在黔多年的为官实践中，深刻地总结了经验教训，提出了自己独到的见解，他认为：地方“苗蛮”变乱，固然应当“严其防”，但是，由于“民俗不齐，土风各异，以有定之法，治无定之民，其治甚难”。因此，必须“因地制宜，兴其利，不长其奸；除其弊，不拂其情”[①]。由此可见桂馥治黔理苗理论的高明与正确。

关于桂馥深入民间、了解民情的朴实风范，段荣勋在《黔南苗蛮图说叙》中记载：桂筱薌“疏于肆应，余到黔十载，未一悟面，其非风尘中人，已可概见”，“筱薌留心之吏民事，得诸耳闻，亲诸目睹”。为本书作叙的许乃兴说：桂馥在黔为官三十载，“所至深林密箐之郁幽，跳月、吹芦之欢舞，大环、椎髻、围裙之殊形异状，断头棹尾、短衣佩刀之汹涌，出没罔弗，目睹心记，尽态穷形，而复于古书杂志，参究始末，一一识其种类分合之由，此《苗蛮图说》之所由作也”。这段记载说明，桂馥作画、撰书，绝不闭门造车，而是深入生活、深入实际。《黔南苗蛮图说》正是在这样的背

① 桂馥《黔南苗蛮图说》之《苗蛮久安长治论》。

景下成书的，因此，该书的真实性远较他书为高，该文献之史料价值应该受到足够的重视。

三、《黔南苗蛮图说》的成书时间

桂馥《黔南苗蛮图说叙》的尾题为“光绪七年，岁在辛巳”[①]，辛巳年，即公元1881年。《黔南苗蛮图说》段荣勋《序》作于光绪己丑（光绪十五年，1889），序文中说：桂筱薌“己丑夏，又以所绘《苗蛮图》嘱序于余”[②]。孙清彦《黔苗图说叙》的落款为“光绪十年甲申（1884）重阳前二日”[③]。张日崙《黔南苗蛮图说序》的落款为“光绪十年岁在甲申蒲节后二日”[④]。许乃兴的序文则记载：“岁庚寅，管榷筑会同事桂筱薌太守，出所著《黔南苗蛮图说》属序，为浏览者久之。”[⑤]史念祖的跋文题款时间是“庚寅四月”[⑥]，这里的庚寅，应该是光绪十六年的庚寅年，即1890年。

综合以上有时间记载的材料分析，可以准确地推测出《黔南苗蛮图说》的成书时间。上面最早的时间信息是本书作者桂馥自叙的光绪七年（1881），最晚的时间记录是史念祖跋文题款的光绪十六年（1890），其他段荣勋等三人为本书作序的时间是光绪十年或十五年。由此推论，桂馥早在光绪七年就已经将全书图文绘写完成，然后，分别征序于段荣勋、许乃兴、张日崙等人。到了光绪十六年，书稿印刷在即，这时桂馥才最后得到了史念祖所撰写的题跋。如果这个推论不错的话，桂馥的石印本《黔南苗蛮图说》最终成书时间应该是在光绪十六年（1890）。从光绪七年书稿完成到光绪十六年付梓刊印，中间经过了近10年的时间。作者桂馥为了印制此书，可谓

---

① 辛巳，在原文中被刻成了“辛己”，己字因形近而误。十二地支中有巳而无己，应予以更正。

② 《黔南苗蛮图说》段荣勋《序》。

③ 《黔南苗蛮图说》孙清彦《黔苗图说叙》。

④ 张日崙《黔南苗蛮图说序》。

⑤ 《黔南苗蛮图说》许乃兴《序》。

⑥ 《黔南苗蛮图说》史念祖《跋》。

精益求精，由此也可看出本书具有较高的存史价值。

四、第四十一种“苗蛮”图说补遗

尽管中央民族大学图书馆善本部所藏光绪石印本《黔南苗蛮图说》价值不菲，但美中不足的是，该本缺失了第41种“苗蛮”的图说。而且，就目前笔者走访、调查到的国内外有关“苗蛮图”收藏的单位，至今还未发现有相同版本的《黔南苗蛮图说》收藏，故而还不能简单地对照他书填补所缺的内容。现参考相关文献，对其进行考证和研究，以弥补《黔南苗蛮图说》的缺佚部分。

要想弥补《黔南苗蛮图说》第41种“苗蛮”图说的缺佚，首先要对该书全部“苗蛮”种类记载和排列组合的规律进行分析。纵观《黔南苗蛮图说》全书可以发现，民族或种族相近或名称相近的“苗蛮”是被连续记载在一起的，如：“黑猓猡”（附猓猡女官）、“白猓猡”被列为第1、第2种；“青苗”、“红苗”、“花苗”、“白苗”、“黑苗”被列为第3、第4、第5、第6、第7种；从第8种至第38种都是以“某某苗”称呼的“苗蛮”；第39种至第50种都是以“某某家”命名的“苗蛮”，如第39种“宋家”、第40种“蔡家”、（第41种缺）、第42种“卡尤狆家”、第43种“青狆家”、第44种“黑狆家”、第45种“白狆家”、第46种“八番狆家”……再往后是“黑猺”、“花猺”接连排列；“红犵狫”、“花犵狫”、“披袍犵狫”、“猪豖犵狫”、“剪发犵狫”、“打[①]牙犵狫”、“锅圈犵狫”、“水犵狫”、“土犵狫”等各种“犵狫”连续排列。

根据以上规律，《黔南苗蛮图说》所缺的第41种“苗蛮”界于第40种“蔡家”和第42种“卡尤狆家”之间，其名称显然应该是以“某某家”称呼的“苗蛮”，而非其他被称作“苗”、“猺”或“犵狫”之类“苗蛮”。那么，第41种“苗蛮”究竟应该是什么“家”呢？

---

① 打字原文作挞，且原文在题目之下自注云：“挞字，他书多有用打字者，亦可从。”

再分析一下第41种“苗蛮”前后记载的“苗蛮”族源情况。第41种“苗蛮”之前的第40种“蔡家”，其族源是：“战国时楚将庄蹻灭牂牁，时蔡侯久为楚所灭，遂迁其公侯于牂牁，于是苗中有蔡家子矣……通汉语，知文字，今杂汉人中，多不辨矣。”[①]由此看来，“蔡家”源于牂牁。第42种“苗蛮”为“卡尤狆家”。“卡尤狆家”是诸“狆家”的一种。“狆家”的记载最早见于《元史》，“栖求等处狆家蛮”[②]。明清时期自称为“布依”，20世纪50年代被确定为布依族。清代和民国时期也称其为“狆苗”或“狆蛮”、“青狆”、“狆家”等[③]。从族源排列的角度推论，界于“蔡家”和“狆家”的第41种“苗蛮”，一种可能是源于牂牁的“某家”，另一种可能是属于“狆家”一类的“某某狆家”。

第41种“苗蛮”究竟是“某家”还是“某某狆家”？参照其他文献，再做进一步的分析。如前所述，《黔南苗蛮图说》所载“苗蛮”种类达86种，是诸种《苗蛮图》中记载“苗蛮”种类最多的，因此，其他版本记载“苗蛮”不足86种的《苗蛮图》中涉及到的“苗蛮”种类，《黔南苗蛮图说》中理应都有描述，事实上，《黔南苗蛮图说》几乎包含了各种版本贵州《苗蛮图》的所有“苗蛮”的种类，只是极少数“苗蛮”的名称稍异而已。因此，拿其他记载“苗蛮”种类较多的《苗蛮图》与《黔南苗蛮图说》进行比较，就可以发现《黔南苗蛮图说》第41种缺佚的是哪一种“苗蛮”。顺着这个线索，笔者将《黔南苗蛮图说》与清嘉庆初年成书的陈浩《八十二种苗图并说》一一对比，发现陈浩《八十二种苗图并说》中的“苗蛮”，在《黔南苗蛮图说》中几乎都有记载，而恰恰只有“补笼狆家”和“清江狆家”不见于桂馥的《黔南苗蛮图说》之中。据此，可以得出进一步的结论：《黔南苗蛮图说》所缺的第41种“苗蛮”，不是“补笼狆家”就是“清江狆家”。

在清人张汝怡所著的道光二十一年手抄本《诸苗考》[④]中，共记载79种

---

① 《黔南苗蛮图说》第40种《蔡家》。

② 《元史》卷六十三《地理志》六，新添葛蛮安抚司条。

③ 关于苗蛮种类的识别，容另文详述。

④ ［清］张汝怡：《诸苗考》，中央民族大学图书馆善本库典藏道光二十一年手抄本。

“苗蛮”，其中记载“狆家”5种：“卡尤狆家”、“补笼狆家”、“青狆家”、“黑狆家”、“清江狆家”。这5种“狆家”之中“补笼狆家”和“清江狆家”均未列入《黔南苗蛮图说》的“苗蛮”之中。另外，在载有66种“苗蛮”的《贵州苗民风俗图》①中，也有“补笼狆家”和“清江狆家”。在《贵州全省诸苗图说》②中，只描述了“卡尤狆家”、“补笼狆家”和“青狆家”这三种狆家。在贵州著名的方志文献田雯所著《黔书》中，关于“狆家”的记载是：“何谓狆家？五代时，楚王马殷自邕管迁来，其种有三：一曰补笼，二曰卡尤，三曰青狆。贵阳、定番、广顺皆青狆，而安顺、镇宁、顶营则补笼、卡尤也。”③《贵州全省诸苗图说》和田雯《黔书》所载三种狆家完全相同，皆为“补笼狆家”、“卡尤狆家”、“青狆家”。由此可以看出，“补笼狆家”是“狆家”的三大种类之一，由此可以肯定，《黔南苗蛮图说》所缺失的第41种“苗蛮”应该就是“补笼狆家”。因为连续记载了五种“狆家”的《黔南苗蛮图说》不应该不描述最为重要的三大狆家之一的“补笼狆家”。那么，为什么《黔南苗蛮图说》缺失的不会是“清江狆家”呢？一是因为田雯的《黔书》和《贵州全省诸苗图说》均未记载“清江狆家”；二是因为“清江狆家”实际上与“黑狆家”相同，只是居住在清江地域的“狆家”而已④。

综上所述，可以确定，《黔南苗蛮图说》所缺失的是“补笼狆家”。如果将“补笼狆家”作为第41种“苗蛮”列入此书，正好与其他诸种狆家连载于一处，完全符合该书的编辑体例。

现根据张汝怡《诸苗考》、《贵州苗民风俗图》和陈浩《八十二种苗图并说》关于“补笼狆家”图说的记载，将《黔南苗蛮图说》第41种苗蛮“补笼狆家”图说的佚文补遗如下：

---

① 《贵州苗民风俗图》第一册《补笼狆家六》、第4册《清江狆家六十三》，中央民族大学图书馆藏手绘本。

② 中央民族大学图书馆善本库典藏彩色手绘本，分上下两卷，共四册。

③ 李汉林：《百苗图校释》，第178页，贵州民族出版社，2001年版。

④ ［清］田雯：《黔书》上卷，《苗蛮种类部落》。

补笼狆家

在贵阳定番、广顺二州，南笼、安顺二府。以十二月朔为大节。岁时击（铜）鼓为欢。若掘地得铜鼓，即以为光，谓武侯南征所遗（重赀争购。丧则屠牛招戚，以牛角欢饮）。孝子不食肉，惟啖鱼虾，故祭亦必用鱼焉。葬者以伞盖墓，期年而后焚之。其性剽悍，出入带利刃、标枪。虽睚眦之仇必报。近经禁诫，渐循礼法。①

① 《八十二种苗图并说》第七种《补笼狆家》。括号内的文字据张汝怡《诸苗考》所加。

贰

第二章 《黔南苗蛮图说》“苗蛮”种类及其命名方式研究

第二章
《黔南苗蛮图说》
“苗蛮”种类及其命名方式研究

一、《黔南苗蛮图说》所载“苗蛮”种类及其排列组合规律

各种《苗蛮图》文献所载“苗蛮”种类多寡悬殊，各有不同。为了便于分析、研究，首先将桂馥《黔南苗蛮图说》所载86种“苗蛮”的名称及其渊源与居处列表如下：

表一《黔南苗蛮图说》所载贵州“苗蛮”种类表

序号	名称	别名	渊源	所在地	备注
第1种	黑猓猡	卢鹿、乌蛮	水西安氏之后	大定府、郎岱、镇宁、永宁、兴义、普安、仁怀等府、厅、州、县	
附	猓猡女官				
第2种	白猓猡	白蛮、白夷、阿和	猓猡之地位低下者	大定、黔西、永宁州、普定	居普定者别名阿和
第3种	青苗	箐苗	炎帝、蚩尤、高辛氏时三苗后裔	贵阳各府属麦西、中坝、芦塘诸寨；普定、镇宁、清镇、安平、黔西各州县	
第4种	红苗		同上	铜仁、松桃	

序号	名称	别名	渊源	所在地	备注
第5种	花苗		同上	贵阳龙场、猪场、鹭丝、羊堰诸寨、安顺、独山、三脚、施秉、天柱、黎平、永从、大定、水城	
第6种	白苗		同上	贵阳中曹司、高坡、石板诸寨，大塘、广顺、龙里、贵定、安平、清江、都匀、黎平	
第7种	黑苗		同上	都匀、镇远、黎平、永从	
第8种	克孟牯羊苗		三苗之种	广顺、金筑司	
第9种	阳洞罗汉苗		同上	黎平府	
第10种	谷蔺苗	鸭寨苗	同上	定番州古蔺场之鸭寨	
第11种	紫薑苗		同上	广顺、都匀、平越、瓮安、麻哈	
第12种	八寨苗	黑苗	同上	都匀、丹江、清江、古州之八寨	窟穴居者为黑苗，又名八寨苗
第13种	九名九姓苗		同上	都匀府独山州	
第14种	洞苗		同上	古州、黎平、下江、清江	在古州者有黑洞、白洞之分
第15种	高坡苗	顶板苗	同上	下江、开泰、永从	

序号	名称	别名	渊源	所在地	备注
第16种	黑生苗		同上	清江	
第17种	鸦雀苗	红头鸦雀、马鞯	同上	贵阳府属、仁怀、绥阳	
第18种	黑山苗	化外生苗	同上	古州、开泰、永从	
第19种	水西苗	化外生苗	同上	古州	
第20种	清江黑苗		同上	清江	有生、熟之分
第21种	黑脚苗		同上	黎平府	
第22种	黑楼苗		黑苗类	八寨、清江	
第23种	生苗		红苗类	黄平、施秉	俗同红苗
第24种	九股苗		本黑苗	丹江、施秉	分上、下九股苗
第25种	车寨苗		三苗之种	古州城西北车江	
第26种	洪舟苗		同上	黎平府洪舟（州）司	
第27种	短裙苗		同上	贵定、思南、思州	
第28种	姑卢苗		同上	定番州姑卢寨	
第29种	摆榜苗	打铁苗	同上	定番、广顺	婚、葬同花苗
第30种	西溪苗		同上	天柱县	俗同花苗

序号	名称	别名	渊源	所在地	备注
第31种	班苗		同上	归化厅	
第32种	鸭崽苗		同上	都匀府属	俗同水家、壮家
第33种	宗地苗	花衣苗	同上	黎平、归化	不同于花苗
第34种	东苗		东晋谢氏之后	贵筑、麻哈	婚、葬同花苗
第35种	西苗		东晋谢氏之后	平越、贵筑、瓮安、清平、黄平	婚、葬同花苗
第36种	平伐苗		五代滕氏之后 元宋阿里之部落	贵定	宋阿里之部称小平伐苗
第37种	杨保苗		明播州宣慰使杨氏之后	遵义、石阡、龙泉	
第38种	羊①猺苗	杨黄苗	明播州宣慰使杨氏之遗民	贵阳、定番、都匀、荔波、石阡、龙泉、余庆、黎平	
第39种	宋家		春秋宋人之裔	贵阳麦西水田坝、黔西州	
第40种	蔡家		战国时蔡国后裔	贵阳之养龙、安顺、大定两府所属州县	
第41种	（补笼狆家）			定番、广顺、南笼、安顺	

① 羊字原文有“犭”旁。现用今字，下同。

序号	名称	别名	渊源	所在地	备注
第42种	卡尤狆家		苗人之种	贵阳、兴义、安顺、都匀、平越	服饰同补笼
第43种	青狆家			贵阳、安顺、都匀、大定、镇远、平越	服饰同补笼
第44种	黑狆家			兴义、都匀、荔波、三脚分州	
第45种	白狆家			都匀、荔波	
第46种	八番狆家			定番州	俗同汉人
第47种	水[①]家		传说盘瓠之种	荔波、都匀、独山、三脚	
第48种	狑家		盘瓠之种	都匀府	
第49种	羊[②]家		盘瓠之种	荔波之羊安里	
第50种	獞家		盘瓠之种	荔波、古州、下江	
第51种	黑猺		盘瓠之种	荔波、永宁、都匀、古州	
第52种	花猺		盘瓠之种	荔波	
第53种	狪家		盘瓠之种	荔波	

① 水家之水字原文有“犭”旁。此处采用今天水族之水字，下同。
② 羊家之羊字原有“犭”旁。今以羊字代之，下同。

序号	名称	别名	渊源	所在地	备注
第54种	红犵[1]狫		西周武王时髳人、晋代之山獠	贵阳、修文、安平、余庆、仁怀等县	
第55种	花犵狫		同上	贵阳、安顺、镇远、大定、遵义四府所属州县	
第56种	披袍犵狫		同上	大定、水城	
第57种	猪豕犵狫		同上	清平、石阡、黎平、古州	
第58种	剪发犵狫		同上	贵定、安平、余庆	披袍、猪豕、剪发犵狫同类
第59种	打[2]牙犵狫		同上	贵定、安平、清镇、平远	
第60种	锅圈犵狫		同上	平远州	
第61种	水犵狫	扰家土民	同上	镇远府、施秉、余庆两县	
第62种	土犵狫		同上	威宁州	
第63种	木犵狫		同上	贵定、瓮安、麻哈、清平、黄平、石阡	

① 犵字原为“犭”旁加“革”，今以犵字代之，下同。张汝怡《诸苗考》以及其他《百苗图》多将其写作“犵狫”。其实一也，容后考证。

② 打字原文作挞，且原文在题目之下自注云：“挞字，他书多有用打字者，亦可从。”

序号	名称	别名	渊源	所在地	备注
第64种	郎慈犵狫	郎慈苗	獠之别种	威宁州	黔人呼为郎慈苗，非也
第65种	犵当①		古板楯七姓蛮种、唐南平獠	修文	
第66种	犵②兜		古板楯七姓蛮种、唐南平獠	修文、平越、清平、凯里、镇远、施秉、石阡	
第67种	犵③獞		古板楯七姓蛮种、唐南平獠	荔波	
第68种	白龙家		西汉武帝迁蜀之人	大定府属	
第69种	曾竹龙家		西汉武帝迁蜀之人	安顺府	
第70种	马镫龙家		西汉武帝迁蜀之人	安平、镇宁、顶营司	多张、刘、赵等姓
第71种	大头龙家		西汉武帝迁蜀之人	普定、镇宁、毕节、威宁	
第72种	狗耳龙家		西汉武帝迁蜀之人	镇宁州	
第73种	侬家④		宋侬智高后裔	大定、安顺、兴义	

① 犵当二字原为"犭"旁加"革"，"当"字原有"犭"旁，现以"犵当"代之，下同。
② 犵字原为"犭"旁加"革"，现以犵字代之，下同。
③ 犵獞之犵字原为"犭"旁加"革"，现以犵字代之，下同。
④ 侬家之侬字原文作"犭"旁，今径改之，下同。

序号	名称	别名	渊源	所在地	备注
第74种	天家		天坝土司天应禄后裔	都匀、黄平	多姬姓，自以为周之后裔
第75种	蛮人	西爨白蛮	自滇迁入。梁元帝时爨瓒据南宁，统蛮夷而形成	贵定、都匀	
第76种	冉家蛮	冉家人	蜀郡汶山夷冉駹后裔，即茂州蛮	石阡府	
第77种	楼居蛮	楼居苗	蜀涪州南平蛮之后裔	八寨、丹江	
第78种	僰人	白濮、纹面濮、赤口濮、黑僰濮、僰耳子、民家子	自滇迁入。滇建宁郡南濮夷之黑僰濮	水城、威宁、普安	俗佞佛
第79种	峒人	峒丁	汉溪峒箐篁獠之后裔	镇远、石阡、思州、永从、洪州	
第80种	土人		宋思播后裔	贵筑、广顺、贵定、黎平、	
第81种	六洞夷人		元西南夷洞长忽带后裔	黎平府	
第82种	里民子		明征黔功将唐郎均之后裔	安顺、清镇、大定、水城	
第83种	六额子		西南古羌夷白马氐之后裔	大定、黔西	

序号	名称	别名	渊源	所在地	备注
第84种	白额子	老巴子	西南古羌夷白马氏之后裔	威宁、贞丰、普安、罗斛	俗同六额子
第85种	羿子		南丹蛮夷子后裔	大定、毕节	
第86种	白儿子		一为猓猡之后，一为汉种猓猡	大定、黔西最多，其余各州县皆有少许	

综合分析上表，从中可以清楚地看到，《黔南苗蛮图说》在排列贵州“苗蛮”种类时，其原则是将相同渊源的族类尽可能地排列在一起。据此，我们可以将86种贵州“苗蛮”分为如下10组：

第一组：“黑猓猡”、附“猓猡女官”、“白猓猡”（《黔南苗蛮图说》第1、第2种），明代水西安氏后裔。

第二组：“青苗”、“红苗”、“花苗”、“白苗”、“黑苗”等31种苗（《黔南苗蛮图说》第2—33种），皆为炎帝、蚩尤、高辛氏时三苗后裔。

第三组：“东苗”、“西苗”、“平伐苗”、“杨保苗”、“羊獚苗”（《黔南苗蛮图说》第34—38种），东晋、五代、明朝汉人后裔。

第四组：“宋家”、“蔡家”（《黔南苗蛮图说》第39—40种），春秋战国时期宋国、蔡国之后裔。

第五组：“补笼狆家”、“卡尤狆家”、“青狆家”、“黑狆家”、“白狆家”、“八番狆家”等6种“狆家”（《黔南苗蛮图说》41—46种），五代时楚王马殷自邕、管迁来①。

第六组：“水家”、“狑家”、“羊家”、“獞家”、“黑猺”、“花

① 《黔南苗蛮图说》未载五种“狆家”的族源，但道光年间的张汝怡记载：“狆家”“相传五代时楚王马殷自邕、管迁来”。见张汝怡《诸苗考》，道光辛丑(1841)夏手写本。中央民族大学图书馆藏本，第6页，“卡尤狆家”条。

猺”、“侗家”等（《黔南苗蛮图说》第47—53种），同出于传说中的盘瓠之种。

第七组：“红犵狫”、“花犵狫”、“披袍犵狫”等11种“犵狫”（《黔南苗蛮图说》第54—64种），同为西周武王时髦人、晋代卭筰间山獠之种。

第八组：“犵铛”、“犵兜”、“犵獞”（《黔南苗蛮图说》第65—67种），同出于板楯七姓蛮种、唐南平獠。

第九组：“白龙家”、“曾竹龙家”、“马镫龙家”、“大头龙家”、“狗耳龙家”（《黔南苗蛮图说》第68—72种），迁黔的蜀人后裔。

第十组：从广西、云南、四川、等地迁入贵州者，如“侬家”、“蛮人”等；或是汉人入黔的后裔所形成的“苗蛮”，如“里民子”、“白儿子”等。其情形各不相同，但凡有来源相近者，也一定归入临近的“苗蛮”种类之中。

如前所述，桂馥的《黔南苗蛮图说》是记载贵州“苗蛮”种类最多的文献。在《苗蛮图》之外的文献中，罗饶典的《黔南职方纪略》卷九《苗蛮门》记载“苗蛮”50种，田雯的《黔书》卷上《苗蛮种类部落》和《苗俗》记载有36种，《峒溪纤志》记载为43种。除了这些私人著作之外，官方修撰的《大明一统志》卷八八，《贵州布政司各府州卫》、《清一统志》卷三九一，《贵州省各府州厅》和鄂尔泰修《贵州通志》卷七，《地理•苗蛮门》等书，也载有黔苗种类，从20余种至40余种不等。为了便于对比，现参照民国时期童振藻的总结，将以上六书所载贵州“苗蛮”种类综合列表如下。

表二 清代私人著作文献所载贵州“苗蛮”种类表①

序号	“苗蛮”种类	《黔南职方纪略》	《黔书》	《峒溪纤志》
1	花苗	同	同	同
2	红苗	同	同	同

① 表中有“/”之处为该书中未载有该种“苗蛮”。

序号	"苗蛮"种类	《黔南职方纪略》	《黔书》	《峒溪纤志》
3	青苗	同	同	同
4	白苗	同	同	同
5	黑苗	同	同	同
6	青头苗	同	/	/
7	红头苗	同	/	/
8	东苗	同	同	同
9	西苗	同	同	同
10	夭苗	夭家苗	夭苗	夭苗
11	山苗	同	/	/
12	高坡苗	同	/	/
13	洞苗	同	/	/
14	生苗	/	同	同
15	克孟牯羊苗	/	牯羊苗	克孟牯羊（为二种）
16	谷蔺苗	/	同	/
17	紫薑苗	同	紫薑苗	紫薑苗
18	花兜苗	同	/	/
19	短裙苗	/	同	/
20	喇巴苗	同	/	/
21	鸭子苗	同	/	/
22	鸦雀苗	同	/	/
23	卖爷苗	/	/	同
24	平伐司苗	/	同	/
25	九股黑苗	/	同	九股苗
26	九名九姓苗	/	同	同
27	阳洞罗汉苗	/	同	/
28	黑罗罗	黑果罗	黑罗罗	黑罗罗
29	白罗罗	白果罗	白罗罗	白罗罗
30	狆家	仲家苗	仲家	仲家

序号	“苗蛮”种类	《黔南职方纪略》	《黔书》	《峒溪纤志》
31	卡尤狆家	/	/	同
32	补笼狆家	/	/	同
33	青狆家	/	/	同
34	宋家	宋家苗	宋家	宋家
35	蔡家	蔡家苗	蔡家	蔡家
36	龙家	侬家苗	龙家	龙氏之裔
37	曾竹龙家	/	/	同
38	大头龙家	/	/	同
39	小头龙家	/	/	同
40	马鞯龙家	马苗	/	/
41	马镫龙家	/	同	/
42	狗耳龙家	同	同	同
43	犵猪	同	/	同
44	花犵猪	/	/	同
45	青犵猪	同	/	/
46	红犵猪	同	/	同
47	打牙犵猪	同	同	同
48	打铁犵猪	同	/	/
49	蓢头犵猪	/	同	同
50	披袍犵猪	同	/	/
51	锅圈犵猪	同	/	/
52	猪屎犵猪	/	/	同
53	木佬	同	同	同
54	僰人	同	同	同
55	土人	老土	土人	土人
56	峒人	/	同	同
57	蛮人	/	同	同
58	猺人	同	/	/
59	水人	同	/	/

序号	“苗蛮”种类	《黔南职方纪略》	《黔书》	《峒溪纤志》
60	佯人	同	/	/
61	僮人	童家苗	/	/
62	侗人	同	/	同
63	伶人	同	/	/
64	八番	/	同	同
65	羊獚	同	同	同
66	杨保	/	同	/
67	补侬	同	/	/
68	犵兜	仡兜	/	/
69	犵当	仡当	/	同
70	子㸑	同	/	/
71	六额	同	/	/
72	㸑耳子	同	/	/
73	里民子	同	/	里人
74	冉家蛮	/	同	/
	合计	50种	36种	43种

表三 官方文献所载贵州“苗蛮”种类表

序号	“苗蛮”种类	《大明一统志》	《清一统志》	《贵州通志》
1	苗人	同	/	/
2	生苗	同	同	/
3	白苗	/	同	同
4	青苗	/	同	同
5	花苗	/	同	同
6	红苗	/	同	同
7	黑苗	/	同	同
8	东苗	同	同	同
9	西苗	同	/	同

序号	“苗蛮”种类	《大明一统志》	《清一统志》	《贵州通志》
10	夭苗	/	同	同
11	紫薑苗	同	同	/
12	谷蔺苗	同	同	同
13	短裙苗	/	同	/
14	卖爷苗	同	/	/
15	平伐苗	/	/	同
16	冉家苗	/	同	冉家蛮
17	九股黑苗	/	同	九股苗
18	克孟牯羊苗	/	/	同
19	阳洞罗汉苗	/	同	同
20	罗罗	同	/	黑果罗
21	白罗罗	/	同	白果罗
22	宋家	同	同	同
23	蔡家	同	同	同
24	狆家	同	同	同
25	龙家	同	同	同
26	曾竹龙家	同	/	同
27	大头龙家	/	/	同
28	马镫龙家	/	同	/
29	狗耳龙家	/	同	同
30	犵猪	同	同	同
31	水犵猪	/	/	同
32	红犵猪	同	/	同
33	花犵猪	同	/	同
34	打牙犵猪	同	同	同
35	翦头犵猪	/	/	同
36	披袍犵猪	/	/	同
37	锅圈犵猪	/	/	同
38	猪屎犵猪	/	/	同

序号	“苗蛮”种类	《大明一统志》	《清一统志》	《贵州通志》
39	土人	同	/	同
40	洞人	同	峒人	峒人
41	僚人	同	/	/
42	里人	同	/	/
43	蛮人	同	同	同
44	僰人	同	同	/
45	猺人	同	/	/
46	水人	同	/	/
47	佯人	/	/	佯
48	伶人	/	/	伶
49	僮人	/	/	僮
50	侬苗	/	/	/
51	羊獚	/	同	同
52	杨保	/	同	同
53	木猺	同	/	/
54	猫质	同	/	/
55	白蛮	同	/	/
56	阿缚蛮	同	/	/
57	八番	/	同	同
58	木佬	/	同	同
59	犵兜	/	/	同
60	六额子	/	/	同
	合计	29种	30种	44种

二、“苗蛮”名称确定的基本方式

《黔南苗蛮图说》所载86种“苗蛮”，其名称的确定方式多种多样，但似乎仍有一定规律可循。现根据图说原文记载，对此进行初步的梳理。

（一）以部落名称为"苗蛮"种类名称

这类"苗蛮"以黑、白"猓猡"为代表。《黔南苗蛮图说》载："猓猡本卢鹿，讹为今称。"[①]《元史•地理志》载："昔罗落……自号曰'落兰部'，或称'罗落'。"[②]"至元十二年（1275），析其地置总管府五、州二十三，建昌其一路也，设罗罗宣慰司以总之。"[③]《元史》中共有62处提到"罗罗"，说明"罗罗"是元代对该种"苗蛮"的普遍称呼。这里的"罗落"与"罗罗"就是清代《苗蛮图》中的"猓猡"，很显然清代仍然是以原部落的名称来区分"苗蛮"种类的。

（二）以服饰服区别"苗蛮"种类

这类"苗蛮"名目繁多。"黔南各种苗蛮由来最久者。惟苗……而苗之名……各以衣服别其种类，于是有青苗、红苗、花苗、白苗、黑苗等三十余种。"[④]"黑生苗"、"黑山苗"、"黑楼苗"、"黑脚苗"等皆由于衣服或头饰尚黑而得名。短裙苗因其"男子短衣宽裤、妇女短衣，无领袖，从头笼下，前不蔽肚，后不遮腰"[⑤]而得名。此外，"青狆家"、"黑狆家"、"黑猺"、"花猺"、"红犵狫"、"花犵狫"、"披袍犵狫"、"白额子"等"苗蛮"，也是因其服饰颜色而定其名称的。

除了以服饰颜色区别"苗蛮"之外，还有的是以服饰形状区分的。例如"锅圈犵狫"，"男子自织斜纹布为衣，妇以青布笼发盘旋如锅圈状，故名"[⑥]。又如"高坡苗又名顶板苗"，其原因就是因为该种"苗蛮"中的"妇女以木板尺许，绾于头发上，故名顶板苗也"[⑦]。

---

① 《黔南苗蛮图说》第一种《黑猓猡》。
② 《元史》卷六一《地理志》四《云南诸路行中书省条》。
③ 《元史》卷六一《地理志》四《云南诸路行中书省条》。
④ 《黔南苗蛮图说》第三种《青苗》。
⑤ 《黔南苗蛮图说》第二十七种《短裙苗》。
⑥ 《黔南苗蛮图说》第六十种《锅圈犵狫》。
⑦ 《黔南苗蛮图说》第十五种《高坡苗》。

（三）以居住地为“苗蛮”名称

这类“苗蛮”在《百苗图》中屡见不鲜。如“克孟牯羊苗”，其“先居广顺克孟、牯羊二枝，故名”①。又如“谷蔺苗”“居谷蔺场之鸭寨，故土人又呼之为鸭寨苗”②。“八寨苗”“久居八寨，故曰八寨苗”③。就连“九名九姓苗”也是以居住的地名来称呼的。“九名九姓苗在独山州。独山，汉为牂柯郡地，元置独山军民长官司。属新添葛蛮安抚司。明洪武十六年，改置九名九姓独山州长官司，属都匀卫……弘治七年升为独山州，属都匀府。国朝因之。是苗即九名九姓长官司之部落也。”④得名于居住地的“苗蛮”还有“水西苗”、“清江黑苗”、“车寨苗”、“洪舟苗”、“姑卢苗”、“摆榜苗”、“西溪苗”、“八番狆家”、“六洞夷人”等。

（四）以宗教信仰命名“苗蛮”

这类“苗蛮”以“阳洞罗汉苗”为代表。“阳洞罗汉苗在黎平府……住西山阳洞司，最敬弥勒佛，故呼为阳洞罗汉苗。”⑤“阳洞罗汉苗”在清人张汝怡的《诸苗考》中被直接称作“罗汉苗”，并以七言诗描述其风俗信仰状况：“男儿头上一狐毛，披发诚心礼佛劳。每至暮春三月候，家家歌舞焚兰膏。”⑥很清楚，这种“苗蛮”的名称来自于其佛教信仰。

（五）以生活习俗命名的“苗蛮”

“苗蛮”的生活习俗多种多样，因此，其名称也各有不同。如“生苗”：“所食皆生物，牲畜不宰，多掊杀，以火去毛，带血而食。即鱼蔬亦

---

① 《黔南苗蛮图说》第八种《克孟牯羊苗》。
② 《黔南苗蛮图说》第十种《谷蔺苗》。
③ 《黔南苗蛮图说》第十二种《八寨苗》。
④ 《黔南苗蛮图说》第十三种《九名九姓苗》。
⑤ 《黔南苗蛮图说》第九种《阳洞罗汉苗》。
⑥ 中央民族大学图书馆藏手抄本。

以微熟为鲜，故名生苗。”[①]最为典型的是“打牙犵狫”，其“女子将嫁，必折去门牙二齿，以遗夫家，谓恐妨害夫家，即古所谓凿齿之民也。”[②]以生活习俗命名的“苗蛮”还有“猪豕犵狫”[③]、“剪发犵狫”等。

（六）以语音特点为“苗蛮”种类

以这种方式作为“苗蛮”称呼的较为少见，在《黔南苗蛮图说》中只有“鸭雀苗”一种。“鸭雀苗”因其“言语似雀音，故名鸭雀苗也”[④]。

（七）以祖先传承为“苗蛮”名称

这类“苗蛮”有“九股苗”、“杨保苗”、“宋家”、“蔡家”、“龙家”、“侬家”、“羿子”、“夭家”、“冉家蛮”等。“九股苗本为黑苗，相传武帝南征，戮其种殆尽，余九人，居台拱，后子孙蕃衍，分为九枝，故曰九股苗，近丹江者曰上九股，近施秉者曰下九股。”[⑤]“杨保苗”为明代播州宣慰使杨氏之后裔。据《黔南苗蛮图说》记载，“播州自唐入杨氏，世守其土。传二十九世，八百余年，至万历间，播州宣慰使杨应龙叛川湖，贵州总督李化龙讨平之，杨氏乃亡”[⑥]。“宋家”、“蔡家”皆春秋战国时宋国和蔡国的后裔[⑦]。“龙家”包括“白龙家”、“曾竹龙家”、“马镫龙家”、“大头龙家”、“狗耳龙家”五种，皆出自西汉武帝灭且兰置牂柯郡，迁蜀之大姓龙、傅、董、尹于其地时的龙氏。龙氏在四姓之中最大，故号为“龙家”。“各以服饰为别，乃有白龙家及曾竹、马镫、大头、狗耳五

---

① 《黔南苗蛮图说》第二十三种《生苗》。此处的“生苗”当指某一种“苗蛮”而言，并非是指汉化程度而言的所谓“熟苗”与“生苗”。

② 《黔南苗蛮图说》第五十九种《打牙犵狫》。

③ 猪豕犵狫因其“身面经年不洗，所居秽臭不堪，与犬豕同卧处”而得名。见张汝怡《诸苗考》之《猪豕犵狫》条。

④ 《黔南苗蛮图说》第十七种《鸭雀苗》。

⑤ 《黔南苗蛮图说》第二十四种《九股苗》。

⑥ 《黔南苗蛮图说》第三十七种《杨保苗》。

⑦ 《黔南苗蛮图说》第三十八种《宋家》、三十九种《蔡家》。

种。”[①]“侬家”为宋侬智高之后裔。宋代侬智高起事后，“为狄青所败，走泗城、广南诸府，自号侬家。久之，侬伪为‘�’”[②]。“羿子”即“南丹蛮”后裔，“夷子居应州之西，庄州之南，西赵之东。渠帅姓季氏，胜兵万人。唐时与明州赵氏、蛮州宋氏、清州宋氏、明州赵氏著名。隋末渐与中国绝。久之，伪夷为羿”[③]。“夭家”为“夭坝土司夭应禄后裔也”[④]。“冉家蛮本蜀郡西北汶山夷，蜀郡汶山夷冉駹后裔”[⑤]。以上诸种“苗蛮”之名称均与该部族的祖先传承密切相关。

（八）以生产组织形式命名“苗蛮”

在《黔南苗蛮图说》中，有一种“苗蛮”被称为“班苗”，这种“苗蛮”的称呼来自于他们的生产组织形式。该苗“在归化厅，分屯而居。共有二千数百户”[⑥]，因此，称其为“班苗”。

（九）因原名音转而得名的“苗蛮”

最为典型的是“平伐苗”。据《黔南苗蛮图说》记载：“五代末，滕氏仕蜀，孟氏南征，有功，授宾化令，世守其土，号曰滕番。因居蛮日久，滕伪为厅，宾化伪为平伐，即今平伐长官司祖也。其部落名平伐苗。”[⑦]与“平伐苗”名称来源相似的的还有“僰人”。“僰人”自云南迁入贵州，原属于建宁郡南的“濮夷”，“濮夷”称“白濮”，“白”与“僰（bo）”发音相近，故将迁黔的“濮夷”称为“僰人”。

（十）以神话传说为名称的“苗蛮”

在《黔南苗蛮图说》中有几种“苗蛮”的名称均来自一个远古的神话传

---

① 《黔南苗蛮图说》第六十八种《白龙家》。

② 《黔南苗蛮图说》第七十三种《侬家》。

③ 《黔南苗蛮图说》第八十五种《羿子》。

④ 《黔南苗蛮图说》第七十四种《夭家》。

⑤ 《黔南苗蛮图说》第七十六种《冉家蛮》。

⑥ 《黔南苗蛮图说》第三十一种《班苗》。

⑦ 《黔南苗蛮图说》第三十六种《平伐苗》。

说。这些传说流传甚广，不仅见于多种文献，也被记载于正史之中。传说的内容是说西南溪洞诸蛮均是盘瓠之种。宋代的文献《溪蛮丛笑》序文中云："五溪蛮皆盘瓠种也……今有五：曰猫（苗）、曰猺、曰獠、曰獞、曰犵狫。"①《宋史》载："西南溪洞诸蛮，皆盘瓠种。"②《黔南苗蛮图说》记载："昔帝喾时，患犬戎入寇，乃访慕天下有能得犬戎之吴将军首者，妻以少女。时帝有畜狗，名曰盘瓠，遂衔其将军首至，乃以女配之，流之南山，止石穴中，生六男六女，自相夫妻，其后滋蔓，乃有水、狑、羊、獞、猺、狪。"③按照《溪蛮丛笑》和《宋史》的说法，西南很多种"苗蛮"都起源于盘瓠传说，但在《黔南苗蛮图说》中，直接源自于盘瓠传说的只有"水、狑、羊、獞、猺、狪"等六种。但从前面所列的"苗蛮"种类表中可以清楚地看到，第四十七种"水家"以及其后的"狑家"、"羊家"、"獞家"、"黑猺"、"花猺"、"狪家"共7种"苗蛮"出自盘瓠传说，很显然是《黔南苗蛮图说》的作者将"猺蛮"又分成了"黑猺"和"花猺"两种。实际上"黑猺"和"花猺"只是因服饰上有所区别而已。"黑猺"男子"青布长衣"，"花猺"男子"蓄发挽髻，垂后或覆以花布"。

（十一）因嫡子继承方式得名的"苗蛮"

在《黔南苗蛮图说》中，因嫡子继承方式得名的"苗蛮"只有第86种《白儿子》一种。按照《黔南苗蛮图说》的说法，"白儿子有两种。一为猓猡之孽子，一为汉种猓猡"④。如此说来，"白儿子"应该是"猓猡"一族。之所以将该种"苗蛮"称为"白儿子"而不称其为"猓猡"，主要原因并不是因为"白儿子"分为"猓猡"与汉种两类，而是因为这群部族的酋长继承关系所致。据记载：该部落"酋长把目，皆嫡子承袭，庶子长成，为之取媳，给以房屋、田土、牛只，出外另居，仅足自给，其母有私积，背父分

① 《溪蛮丛笑》序。

② 《宋史》卷四九三，《蛮夷》一，《西南溪洞诸蛮》上。

③ 《黔南苗蛮图说》第四十七种《水家》。

④ 《黔南苗蛮图说》第八十六种《白儿子》。

助之。自是家中一切婚姻、丧祭，皆不得预闻，殆防夺嫡之患，故名之曰‘白儿子’”[①]。

（十二）以部属长官之名命名的“苗蛮”

此种“苗蛮”以“里民子”为典型代表。“里民子”之称始于明代。明初，有凤阳人征黔有功，被授予木官长官，永乐年间改此官名为土里，其部属后裔之人则被称呼为“里民子”了[②]。“紫薑苗”也与此相似，据《黔南职方纪略》记载：“又有紫姜苗者，唐紫姜县令之部曲也。其后散处今贵阳、平越间。”[③]

（十三）其他“苗蛮”的名称由来

《黔南苗蛮图说》中还有一些“苗蛮”名称的来源形式较为特殊。这部分“苗蛮”包括“鸭崽苗”、“宗地苗”、“蛮人”等。其中有些“苗蛮”的名称起源还不十分清楚，或许是因为汉人对他们的蔑称，或许是他们的自称，或由于他们的生产或生活方式所确定。这些“苗蛮”名称确定方式的考证，留待下一章与民族识别一同进行。

---

① 《黔南苗蛮图说》第八十六种《白儿子》。

② 《黔南苗蛮图说》第八十二种《里民子》。

③ ［清］罗绕典著：《黔南职方纪略》卷九，《苗蛮》。中央民族大学图书馆藏道光二十七年印本。

叁

第三章
"苗蛮"的源流及其民族识别

《黔南苗蛮图说》研究
QIANNAN MIAOMAN
TUSHUO YANJIU

第三章
“苗蛮”的源流及其民族识别

前面研究和探讨的各种区分“苗蛮”的方式，很显然是对各类“苗蛮”外部形式——名称由来的探究，要真正明确各种“苗蛮”的民族属性，还必须深入挖掘不同“苗蛮”的发生渊源和发展脉络，本章将对《黔南苗蛮图说》所涉及的86种“苗蛮”按照其民族属性进行归类，结合历史文献与20世纪50年代以来的民族历史调查及民族识别的资料，对图中“苗蛮”进行识别。

需要特别说明的是，由于“民族并不是种族的共同体，也不是部落的共同体，而是一个历史上形成的人们的共同体”[①]，因此，“苗蛮”的民族成分并不一定整齐划一，随着历史的不断演进，有着同样称呼的某种“苗蛮”，在不同的历史时期，其民族成分及其属性是不尽相同的；而同样的一个民族或部落的人们的共同体，在不同的历史时期甚至同一个历史时代也可能有着许多不同的名称。因此，对于《黔南苗蛮图说》中的86种“苗蛮”民族成分的识别，也只能限定在清代后期的称呼之上。也就是说，本章所考证的只是《黔南苗蛮图说》中涉及的“苗蛮”在清代后期的成分及其属性，并不是对每一种“苗蛮”形成与演变的历史进行论证，也不涉及清代以前有如此称呼的民族或部族的民族识别与考证。但是，在研讨清代各种“苗蛮”的民族成分及其属性时，必然要运用与该种“苗蛮”成分有关联的一些历史资料，只有这样才能将其成分分析得比较清晰。

---

① 斯大林著，唯真译：《马克思主义与民族问题》，第5页，解放社1949年北京版。

再者，我国曾经在20世纪50年代至60年代组织专家对国内少数民族的社会历史进行了调查，并同时对各民族进行了识别，确立了56个民族，似乎无须再对本书所涉及的“苗蛮”进行识别了。但实际上，《黔南苗蛮图说》中涉及的“苗蛮”多达86种，这些“苗蛮”的名称出自清代，有些“苗蛮”的名称沿用到了20世纪50年代，有些“苗蛮”的名称已经发生了变化。有些“苗蛮”的民族成分仍然不十分清楚，很必要对这些“苗蛮”进行分辨。

一、“猓猡”的渊源与族属

《黔南苗蛮图说》中前两种为“黑猓猡”和“白猓猡”。原书记载：“猓猡本卢鹿，讹为今称，有黑白二种，黑者为大族，又名乌蛮，即水西安氏之后也。先汉[①]时有牂牁帅黑卢鹿济火者，本姓罗，建宁郡人。习战斗，尚信义，善抚其众。诸蛮戴之。闻诸葛武侯南征，积粮通道以迎师，佐武侯平西南夷，擒孟获，封罗甸国王，世长其土。勒四十八部，部之先是乌蛮。多不表姓氏，惟于名上加阿为其通称。久之渐忘其氏。至明太祖时，始赐水西宣慰使靄翠为安氏。”[②]《诸苗考》云：猓猡“俗尚鬼，名罗鬼”[③]。陈浩《八十二种苗图并说》也载：猓猡“其俗尚鬼，故又名‘罗鬼’”[④]。

在这里出现的名称共有四种：“卢鹿”、“乌蛮”、“猓猡”、“罗鬼”。按照上面的记载，“卢鹿”一词应该出现在汉魏时期，但就目前存在的文献来看，最早提到“卢鹿”一词的是唐代樊绰于咸通三年（862）写成的《蛮书》[⑤]，《新唐书·南蛮传》载：“乌蛮与南诏世婚姻，其种分七部落……五曰卢鹿蛮……土多牛马，无布帛，男子髽髻，女人被发，皆衣牛

① 此处的“先汉”在陈浩《八十二种苗图并说》、张汝怡《诸苗考》中均作“蜀汉”，蜀汉时才有武侯破孟获之事。先汉一般指西汉，后汉指东汉，蜀汉为季汉。“先汉”应校改为“蜀汉”。

② 《黔南苗蛮图说》第一种《黑猓猡》。

③ 《诸苗考》之《猓猡》条。

④ 《百苗图校释》，第232页。

⑤ 向达：《蛮书校注》，中华书局，1962年版。

羊皮。俗尚巫鬼，无拜跪之节。”[①]这里的记载很明确，“卢鹿蛮”是“乌蛮”的七个部落之一。“卢鹿”可以说是“乌蛮”，但是“卢鹿”并不等于“乌蛮”。所谓二者不能等同，一是“卢鹿”只是“乌蛮”七部落之一，“乌蛮”涵盖的“苗蛮”种类宽泛；二是“黑卢鹿”为“乌蛮”，“白卢鹿”并非“乌蛮”，“白卢鹿”在“乌蛮”之外。《新唐书》的观点认为，所有“卢鹿蛮”都属于“乌蛮”，而《黔南苗蛮图说》则认为，只有“黑卢鹿”才属于“乌蛮”。二者之间明显不同。究其原因，是因为《新唐书》成书于宋代，大概当时的“卢鹿”还未有像清代那样十分清楚地区分为“黑卢鹿”和“白卢鹿”，因此，统而笼之地将全部“卢鹿”都归入“乌蛮”的某一部落之中了。

随着历史的发展，到了元、明时期，“卢鹿”被称为“罗落”、“罗罗”。“昔罗落……自号曰‘落兰部’，或称‘罗落’。”[②]“至元十二年（1275），析其地置总管府五、州二十三，建昌，其一路也，设罗罗宣慰司以总之。”[③]《元史》中共有62处提到“罗罗”，并不分黑、白。明代沿袭元代，仍称其为“罗罗”，“洪武五年，罗罗斯宣慰安定来朝”[④]。《明史》中有20处记载“罗罗”，说明“罗罗”是元、明时期对该种“苗蛮”的普遍称呼，“罗罗”已经从“乌蛮”当中分离出来，成为一种单独的“苗蛮”。

清代仍有“罗罗”之称，但是已经将“罗罗”区分为黑、白两种：“自贵阳以西，罗罗为伙，而黑罗为悍。其次曰狆家，曰米家，曰蔡家，曰龙家，曰白罗，皆黔西苗属也。”[⑤]这里的“白罗”已经与“狆家”等“苗蛮”相提并论，与《黔南苗蛮图说》的“苗蛮”分类相近。《黔南苗蛮图

---

① 《新唐书》卷二二二下，《南蛮传》下，《两爨传》条，中华书局，1975年版。

② 《元史》卷六一，《地理志》四，《云南诸路行中书省条》，中华书局，1976年版。

③ 《元史》卷六一，《地理志》四，《云南诸路行中书省条》，中华书局，1976年版。

④ 《明史》卷三一一，《列传》一九九，《四川土司列传》一，《建昌卫列传》，中华书局，1974年版。

⑤ 《清史稿》卷二七三，《赵廷臣传》，中华书局，1977年版。

说》在"猓猡"，在原音变汉字"罗罗"二字上各加上"犭"旁，明显带有民族歧视的倾向。

至于"罗鬼"之称，则是因为该民族习俗崇尚鬼神的缘故。20世纪50年代初，中华人民共和国成立以后不久，对"罗罗"进行民族识别，将该民族定名为彝族①。《黔南苗蛮图说》中的黑、白"猓猡"即今天的彝族。

二、"苗蛮"中的诸苗与苗族

《黔南苗蛮图说》中称之为"苗"的部族最多，从前面列出的《贵州苗蛮种类表》中可以看到，直接称呼为苗的有："青苗"、"红苗"、"花苗"、"白苗"、"黑苗"、"克孟牯羊苗"、"阳洞罗汉苗"、"谷蔺苗"（鸭雀苗）、"紫薑苗"、"八寨苗"、"九名九姓苗"、"洞苗"、"高坡苗"（顶板苗、黑生苗）、"鸭雀苗"、"黑山苗"（化外生苗）、"水西苗"（化外生苗）、"清江黑苗"、"黑脚苗"、"黑楼苗"、"生苗"、"九股苗"、"车寨苗"、"洪舟（州）苗"、"短裙苗"、"姑卢苗"、"摆榜苗"（打铁苗）、"西溪苗"、"班苗"、"鸭崽苗"、"宗地苗"、"东苗"、"西苗"、"平伐苗"、"杨保苗"、"羊獚苗"（杨黄苗）等，不计一苗多称，共有35种之多。除此之外，还有一些在《黔南苗蛮图说》中未称为"苗"的"苗蛮"，在其他《苗蛮图》中也被称作了"苗"，如《黔南苗蛮图说》中的"宋家"、"蔡家"、"夭家"、"狑家"、"狪家"、"侬家"、"八番狆家"、"水家"、"郎慈犵猪"、"楼居蛮"等10种"苗蛮"，在陈浩《八十二种苗图并说》和《贵州苗民风俗图》中也分别被称作"宋家苗"、"蔡家苗"、"水家苗"等。合计起来，被称作"苗"的"苗蛮"多达45种之多，占据了86种"苗蛮"的52%。

① 之所以采用"彝"字作为该族的名称，是因为原来南方许多民族都称西南夷，如果继续使用"夷"字称呼其民族，有蔑视少数民族之嫌，故改"夷"为"彝"。实际上，早在清代，就有使用"彝"字作为族称者，如中央民族大学图书馆收藏的清代《御制外苗图》中就有"蒙化彝"、"花百彝"、"黑甘彝"、"水百彝"、"旱百彝"等。

这些众多的“苗”人，是否都属于真正的苗族？哪些种类的“苗”人可以确定为是今天苗族的先民？哪些种类的“苗”人虽然称之为“苗”，实际上却是其他民族？对于这些问题，从清代、民国以来，已有学者对此进行过一些研究，但是，似乎并未彻底解决问题。

清初的贵州巡抚赵廷臣认为：“贵州古称鬼方，自城市外，四顾皆苗。其贵阳以东，苗为伙，而铜苗、九股为悍。其次为犵狫，曰羊獚，曰八番子，曰土人，曰侗人，曰蛮人，曰冉家蛮，皆黔东苗属也。自贵阳以西，罗罗为伙，而黑罗为悍。其次曰狆家，曰米家，曰蔡家，曰龙家，曰白罗，皆黔西苗属也。”①按照赵廷臣的看法，以上这些各色“苗蛮”可以全部归属于“苗”人，就连属于彝族的黑、白“罗罗”，也被赵廷臣认定为“黔西苗属”。这种看法显然不能区分出“苗”与“非苗”。但是，赵廷臣在认为所有“苗蛮”皆为苗属的前提下，还是将“苗”与其他“苗蛮”如“犵狫”、“羊獚”、“狆家”、“米家”、“蔡家”等等区别对待的。也就是说，在《苗蛮图》出现的45种“苗”当中，“羊獚苗”（杨黄苗）、“郎慈苗”（郎慈犵狫）、“宋家”、“蔡家”、“夭家”、“狑家”、“狪家”、“侬家”、“八番狆家”、“水家”等10种“苗蛮”，在清初人看来就已经不属于纯正的苗人。

对于贵州“苗蛮”种类的鉴别，不能不提到曾经在清末民初旅滇20余年的童振藻，该人在其专著《黔中苗乘》中指出：“花、红、白、青、黑各苗，则以衣色分之，而九股苗、黑生苗均系黑苗；洞苗穴居，黑山苗山居，高坡苗居高坡，系因所居之地名之；九名九姓之俗与黑苗同，紫薑苗与九名九姓同类，其实皆黑苗也……箐苗衣青，即系青苗；又有裤裆苗一种，于曙峦《贵州苗族杂谭》谓系青苗别派；洪州苗系峒人之居洪州者……又有花背苗、穿青、喇叭子三种，亦载于《贵州苗族杂谭》，花背苗……与花苗相似，疑即花苗之一支。”②童振藻将贵州各种“苗蛮”分为“纯苗”与

① 《清史稿》卷二七三，《赵廷臣传》。

② ［民国］童振藻著《黔中苗乘》第三章《种类之区别》，中央民族大学图书馆藏抄本。

"非纯苗"两大类。他认为属于"纯苗"的共有29种，即：1. 白苗（含歪头苗）；2. 红苗（含红头苗）；3. 黑苗（包括洞苗、爷头苗、洪州苗、黑山苗、高坡苗、八寨苗、黑生苗、清江苗、洞崽苗、九股苗、紫薑苗、九名九姓苗）；4. 青苗（包括青头苗、箐苗、裤裆苗）；5. 花苗（含喇叭苗、花背苗）；6. 罗汉苗（阳洞罗汉苗）；7. 谷蔺苗；8. 平伐苗（鸭子苗）；9. 黑脚苗；10. 黑楼苗；11. 花兜苗；12. 西溪苗；13. 克孟牯羊苗；14. 葫芦苗；15. 鸭雀苗；16. 犵狫（包括花犵狫、红犵狫、青犵狫、木犵狫、水犵狫、土犵狫、打牙犵狫、打铁犵狫、剪头犵狫、大头犵狫、披袍犵狫、锅圈犵狫、猪屎犵狫、犵兜、犵当）；17. 黑罗罗；18. 徭人；19. 侬人（补侬）；20. 水人；21. 佯人；22. 僮人；23. 侗人；24. 伶人；25. 僰人；26. 蛮人（含冉家蛮）；27. 六额子（含白额子）；28. 六洞夷人；29. 水西苗。童振藻所列非纯苗计有19种：1. 宋家；2. 狆家（6种）；3. 龙家（6种）；4. 蔡家；5. 东苗；6. 西苗；7. 夭苗；8. 羿子；9. 杨保；10. 羊獚；11. 八番；12. 土人；13. 白罗罗（阿和）；14. 郎慈苗；15. 里民子；16. 车寨苗；17. 白儿子；18. 穿青（汉穿青）；19. 喇叭子[①]。

童振藻对于"纯苗"与"非纯苗"的区分标准是："暂依其风俗习惯及传闻之历史有可区别者，分为纯苗与非纯苗两类。"[②]童振藻的分类标准与区分出的"纯苗"与"非纯苗"两类，显然不够科学，在他的区分中，居然将"黑罗罗"也纳入了"纯苗"当中，而将与"黑罗罗"同属于一个民族的"白罗罗"列为了"非纯苗"。难怪童振藻自己都说这种划分"第就个人之主观以区别，若用科学分析，仍俟人类学专家调查考订"[③]。

民国时期的另一位研究南方少数民族的学者陈国钧先生认为："苗夷皆是中国最古居住之民族，惟在中国古书上，多总称为'苗蛮'。"苗夷"种类名称亦颇繁杂，其名称大概都由汉人明定，苗夷族亦均自认，此因苗夷族住在崇山深谷，族间不相往来，遂以地域分野，语言、习俗回不相同，乃依

① ［民国］童振藻著：《黔中苗乘》第三章《种类之区别》，中央民族大学图书馆藏抄本。
② ［民国］童振藻著：《黔中苗乘》第三章《种类之区别》，中央民族大学图书馆藏抄本。
③ ［民国］童振藻著：《黔中苗乘》第三章《种类之区别》，中央民族大学图书馆藏抄本。

照他们服装的颜色同其他诸特性，分定其种类名称。如以衣服颜色区分，有青苗、黑苗、白苗、红苗；以居住地域区分，有高坡苗、平地苗、域边苗、山苗、坝苗、东苗、西苗、箐苗；以地名区分，有水西苗、加车苗、滚塘苗、车寨苗、洪州苗、平伐苗、清江黑苗、克孟牯羊苗、谷蔺苗、紫姜苗、西溪苗；以衣服花纹区分，有花苗、大花苗、小花苗、花衣苗；以所着之裙区分，有长裙苗、矮裙苗、围裙苗；以职业区分，有打铁苗、慈姑苗；以装饰区分，有古薰苗、枕头苗、凸洞苗、尖顶苗、黑脚苗等等，不胜枚举。居贵阳旧书坊间出售之《百苗图》，所绘尤多，分为一百二十四种，形形色色，极光怪陆奇之致。自一至八十二属于贵州，八十三至末系属云南，在贵州八十二种中，仡佬占其九，仲家占其六，龙家占其五，猓罗占其二，其余名称各不同，兹从略。据余实际调查后分类，贵州夷族有仲家、水家、侗家、僮家等。苗族可别为黑苗、花苗、青苗、白苗、红苗等而已”[①]。

陈国钧先生虽然列举出了比《黔南苗蛮图说》中出现的“苗蛮”种类还多的“苗”人名称，如“域边苗”、“加车苗”、“滚塘苗”、“古薰苗”、“枕头苗”、“凸洞苗”等，但是他的最后结论是“苗族可别为黑苗、花苗、青苗、白苗、红苗等而已”，也就是说，陈国钧认为，贵州苗族不过只有“黑苗”、“花苗”、“青苗”、“白苗”、“红苗”五种，其他各种不同的“苗”都是因服饰、居住地、职业不同而另起名称的，其实质皆在五种“苗”之内。

陈国钧的观点实际上来自清康熙年间的陆次云，陆次云在《峒溪纤志》中说：“苗人，盘瓠之种也……尽夜郎境多有之。有白苗、花苗、青苗、黑苗、红苗。苗部所衣各以色别，散处山谷，聚而成寨。”[②]康熙年间的黄元在《黔中杂记》中也说“饮食起居，诸苗亦相若，惟衣裳颜色则各从其类。如白苗衣白，黑苗衣青是也”[③]。

---

① 吴泽霖、陈国钧等著：《苗夷研究丛刊》之二，《贵州苗夷社会研究》，文通书局，民国三十一年（1946）。

② 载于《小方壶斋舆地丛钞》第八帙。

③ 载于《小方壶斋舆地丛钞》第七帙。

以上这些观点也被当代的苗族研究学者伍新福所接受，他在其著作《中国苗族通史》中指出："自清以后，其他文献也多以'白苗'、'青苗'、'花苗'、'黑苗'、'红苗'等作为苗族的主要支系。"①

对于贵州苗族种类的识别，还要提到日本著名的民族学家鸟居龙藏先生，这位东瀛学者曾经于1902年深入我国西南各省，实地调查苗族的社会生活，撰写出了著名的《苗族调查报告》，他在报告中根据陈浩《黔苗图说》及《安顺府志》的记载②，认为贵州省内的"苗蛮"有82种之多，"而其中纯粹苗族则不过数种而已。其他均非纯粹之苗也。'苗'以外之种类如宋家、蔡家、龙家、猓猡、僰人、峒人、蛮人、杨保、土人、猺、侬苗、水、佯、狑、狪、猺、獞等，皆在广泛之名称下，称之为苗族。然自'纯苗'而言，则不能不称之为别种，此不特苗族自身谓然，即汉族亦莫不谓然也。据余实地调查之所得，纯粹之'苗'，大都由下列5种族构成：1. 红苗，著红色衣服；2. 青苗，著青色衣服；3. 白苗，著白色衣服；4. 黑苗，著黑色衣服；5. 花苗，著蜡染及绣花之衣服"③。

综合以上研究，清代和民国时期，普遍认为"红苗"、"青苗"、"白苗"、"黑苗"、"花苗"是为苗族，其他被称为"苗"的群体，应该属于以上五种"苗"的支系。但是，也有些被称为"苗"的群体，并不一定都属于苗族，从前面的分析来看，《黔南苗蛮图说》中称为某某"苗"的35种"苗蛮"，皆属于真正的苗族，而陈浩所著《八十二种苗图并说》中除以上35种被称为"苗"的"苗蛮"以外，仍叫做"苗"的"宋家苗"、"蔡家苗"、"夭苗"、"狑家苗"、"侗家苗"、"侬苗"、"八番苗"、"水家苗"、"郎慈苗"、"楼居黑苗"10种"苗蛮"，不属于苗族。这些正是鸟居龙藏所说的，是"在广泛之名称下，称之为苗族"，即泛称为苗族。

---

① 伍新福：《中国苗族通史》，贵州民族出版社，1999年版。

② 《安顺府志》卷十五载："昔郝龙为蛮部参军，尽解蛮语，南蛮以是服之，况州县为亲民之官，未有不通其语言而能得其嗜好者，夫言心之声也……惟是黔中苗民八十二种。"

③ ［日］鸟居龙藏著、国立编译馆译：《苗族调查报告》第二章，《苗族之名称区别及其地理的分布与神话》，商务印书馆，民国二十四年（1935）。

那么，在《黔南苗蛮图说》中的35种“苗”，是否都是属于苗族呢？本人认为，其中的绝大部分是不错的，但是，其中仍有些问题需要辨别。

首先，关于“白苗”与“东苗”、“西苗”。这三种“苗”，在《黔南苗蛮图说》等各种《苗蛮图》中以及在康熙年间贵州巡抚田雯所著的《黔书》中，都被单独列为三种不同的“苗”，三种“苗”都属于苗族并无问题，但是在《黔书》中却明确记载：“白苗，在龙里县。亦名东苗、西苗。”①在同书中仍然另外列有“东苗”、“西苗”。因此，对于田雯的观点，可以有这样的解释，即龙里县的“白苗”可以叫做“东苗”和“西苗”，但还另外有“东苗”和“西苗”，也就是说，另外的“东苗”和“西苗”并不属于龙里县的“白苗”。还可以理解为，龙里县的“白苗”也可以叫做“东苗”和“西苗”，这里的“东苗”和“西苗”与其他地方的“东苗”和“西苗”相同。也就是说，其他地方的“东苗”和“西苗”也属于“白苗”。那么，田雯的观点到底应该做哪一种解释呢？只要看一看田雯书中对于“白苗”和“东苗”、“西苗”的各自分布地域以及不同的风俗等记载，就可以清楚地看出，第一种解释符合田雯的观点。他在书中记载“白苗在龙里县”，而“东苗、西苗在新贵县”，“白苗”“服饰皆尚白，性憨而厉，转徙不恒，多为人雇役垦佃，往往负租而逃。男子科头赤足，妇人盘髻长簪”。“东苗”和“西苗”“男子髽髻，著短衣，色尚浅蓝，首以织花布条束发。妇著花裳无襞，惟遮覆前后，俗与花苗同”②。可见，他认为“白苗”不等同于“东苗”和“西苗”。

对于“白苗”与“东苗”、“西苗”不同族属的关系，李汉林解释为：田雯书“于白苗二字之后有‘亦名东苗西苗’六字。足证清初的白苗在明代被称为‘东苗’或‘西苗’”。李君还认为，“‘白苗’是在乾隆时期方被注意到的”。并认为删去“白苗”之下的亦名“东苗西苗”四字无碍③。实

① ［清］田雯：《黔书》上卷，《苗俗》。
② ［清］田雯：《黔书》上卷，《苗俗》。
③《百苗图校释》第1页校勘第②条。

际上，《黔书》中“白苗”之下的“东苗”、“西苗”绝不是可删可不删的问题，而是有着更深层的含义。《黔南苗蛮图说》记载:“东、西苗者，东晋时命谢氏世为牂牁太守，及侯景乱梁，牂牁与中国不通，而谢氏保境如故。至唐时，牂牁又分裂，于是有东谢、西谢之称。其后系以名其部族曰‘东苗’、‘西苗’。”[①]从《黔南苗蛮图说》关于“东苗”、“西苗”的记载来看，二者实为汉人的后裔，其族属应该为汉族。

应该特别指出的是，“东苗”与“西苗”的渊源直接关系到其族属的认定，而详细记载其渊源的文献，只有桂馥的《黔南苗蛮图说》。不仅陈浩的《八十二种苗图并说》、田雯的《黔书》对此只字未提，《贵州苗民风俗图》、《诸苗考》等书也未记载“东苗”和“西苗”的来源。正因为如此，才有人将“东苗”、“西苗”误认为就是“白苗”的别称，并认为可以删掉“白苗”之下的“亦称东苗西苗”，实际上，田雯的《黔书》在“白苗”之下有“亦称东苗西苗”，另外又单独作为两种“苗蛮”列出“东苗”和“西苗”，说明田雯十分清楚，“白苗”虽然可以称为“东苗”和“西苗”，但绝不同于作为单独系列的“东苗”和“西苗”，否则，就没有必要再单列“东苗”、“西苗”了。并且，在田雯《黔书》中，明确地记载了“东苗”和“西苗”的分布地区与风俗习惯。不同于也可以叫做“东苗”、“西苗”的“白苗”。“东苗”与“西苗”是自成体系、二者之间有着紧密联系的“苗蛮”。可是，李汉林却认为：“西苗”一名出自当地苗族的自称音译。“东苗”与“西苗”只是在汉文书写形式上其方位恰好是对举的。“东苗”、“西苗”不是一个整体，田雯《黔书》误以为他们是一个整体，以为他们的分布地域有东、西之别，才将他们列在了一起。《苗蛮图》将“东苗”、“西苗”视为不同的亚支系，匡正了田雯《黔书》的失误[②]。事实如前所论，“东苗”与“西苗”同出于东晋谢氏，原本确实是一个整体，分裂后称为“东谢”、“西谢”，当时一定是由于各自所处的地理位置分别在

① 《黔南苗蛮图说》第三十四种，《东苗》。
② 《百苗图校释》，第45页，注释（一）。

东、西所致，后来的“东苗”、“西苗”正是源于“东谢”、“西谢”。至于清代时期“东苗”、“西苗”已经不是处于东、西的方位，很可能是由于民族不断迁徙的原因所致。并不是《百苗图》匡正了田雯《黔书》的失误，而是田雯《黔书》根本就没有什么失误。只是陈浩的《八十二种苗图并说》及其他《苗蛮图》未记载“白苗”亦称“东苗”、“西苗”，只有田雯之书记载得更为清楚而已。初看起来，田雯《黔书》的记载似乎引起了一些混乱，但经过仔细研究，《黔南苗蛮图说》对“东苗”、“西苗”渊源的详细记录，完全可以澄清“白苗”与“东苗”、“西苗”的关系，也可以清晰地追溯到“东苗”、“西苗”的族属关系。由此更能说明《黔南苗蛮图说》的文献价值之高。

需要补充说明的是，源于“东谢”、“西谢”的“东苗”、“西苗”，在《黔南苗蛮图说》中记载，“东苗”“有族无姓”，“西苗”“在平越者有谢、马、何、罗、卢、雷等姓”[①]。陈浩《八十二种苗图并说》记载“东苗”“有族无姓”，“西苗”“有马、谢、何、罗、雷等姓”[②]。乾隆时修撰的《贵州通志》卷七《地理•苗蛮门》亦载，“西苗”有谢、马、何、罗、卢、雷等六姓[③]，很显然是陈浩之书失载了“卢”姓，对此脱漏《百苗图校释》已经勘出，很正确。但是，《百苗图校释》认为，“明代文献中并未提及‘西苗’有汉姓，康熙时期的《余庆县志》载‘西苗’有名无姓，据此可知，这六个汉姓当是雍正大改流后，官府为编纂户籍而强行赋予的姓氏”[④]。本人认为，不能仅据康熙《余庆县志》载“西苗”有名无姓，就认定康熙时所有的“西苗”全都有名无姓，更不能由此断定“西苗”的“谢、马、何、罗、卢、雷”六个汉姓都是雍正“改土归流”后官府强行赋予“西苗”的。因为从“东苗”、“西苗”的渊源出自谢氏来看，很可能原来都有汉姓，由于长期与中原隔绝、与当地少数民族融合，或由于为了隐藏原来的

---

① 《黔南苗蛮图说》第三十四种《东苗》、第三十五种《西苗》。

② 《百苗图校释》第7页《东苗》、第43页《西苗》。

③ ［乾隆］《贵州通志》卷七，《地理•苗蛮门》。

④ 《百苗图校释》，第45页，注释（二）。

身世等原因，才逐渐失去了汉姓。即使如此，在平越的“西苗”仍有“谢、马、何、罗、卢、雷等姓”，这个记载虽然是在乾隆时修撰的《贵州通志》和光绪时期成书的《黔南苗蛮图说》之中，好像是在雍正之后的事情，但是，需要注意的是《黔南苗蛮图说》清楚地记载“西苗”“在平越者有谢、马、何、罗、卢、雷等姓”，也就是说，即使到了雍正以后，也不是所有的“西苗”都有了以上六个汉姓，只是分布在平越的“西苗”有了这些姓氏，其他地方的“西苗”不一定都有这些汉姓。因此，说这六姓是雍正“改土归流”时强加给“西苗”的，恐怕缺乏事实根据。既然当时“改土归流”对“西苗”强加汉姓，为什么只对平越的“西苗”强行赋予汉姓，而对于其他地方如贵筑、瓮安、清平、黄平的“西苗”未赋予汉姓呢？另外，余庆县只是平越州的北部一个小县而已，即使康熙时这个县上的“西苗”没有汉姓，也不能说所有“西苗”在康熙时都没有汉姓，由此断定“西苗”的汉姓是雍正以后强加给“西苗”的。

其次，关于“东苗”与“平伐苗”、“八番狆家”的关系。有的研究者认为，“所谓‘东苗’，其实正是元代所称的‘平伐苗蛮’和‘八番苗蛮’”[①]。这样说的根据是《明实录》天顺年间的记载[②]。这里的“平伐苗蛮”即指“平伐苗”，“八番苗蛮”在《八十二种苗图并说》中称作“八番苗”，在《黔南苗蛮图说》中称作“八番狆家”[③]。

从前面的分析中我们已经得知，“东苗”源于东晋的谢氏。分布在“贵筑、麻哈”，而“平伐苗”在《黔南苗蛮图说》上的说明是：“平伐苗在贵定，五代末，有滕氏仕蜀，孟氏征南有功，授宾化令，世守其土，号曰滕番。因居蛮日久，滕伪为庭，宾化伪为平伐，即今平伐长官司祖也。其部落名平伐苗。”[④]关于“八番狆家”的解说是：“八番狆家惟定番州有。服食居处与汉人同。”[⑤]从

---

① 杜薇著：《百苗图汇考》，第35页，贵州民族出版社，2002年版。

② 《明实录·贵州资料辑录》，第408页，贵州人民出版社，1993年版。

③ 《百苗图校释》云：八番苗“此条各本俱存，名称无异写”。其实不然，《黔南苗蛮图说》就异写为“八番狆家”。

④ 《黔南苗蛮图说》第三十六种《平伐苗》。

⑤ 《黔南苗蛮图说》第四十六种《八番狆家》。

这些记载来看，“东苗”与“平伐苗”既不是同样的来源，也未分布在同一地区，显然不能在二者之间画等号。至于“八番苗”，其实根本不是苗族，而应该属于布依族。“八番”是元代对定番州（今之贵州惠水）的别称，因定番境内有八大布依族长官司而得名，当地的主体民族也应是布依族，“八番苗”实际上应该称为“八番狆家”，布依族在元代就已经称为“狆家”[①]。因此，说“东苗”就是指“八番苗蛮”的观点是错误的，尽管《明实录》有些混称的现象，也应当辨别清楚才是。

再次，关于“杨保苗”与“羊獚苗”的族属问题也需稍作分析。在各本《苗蛮图》中，几乎都有关于“杨保苗”和“羊獚苗”的记载，《大明一统志》也记有“羊獚苗”，《大清一统志》载有“杨保苗”和“羊獚苗”，田雯《黔书》亦载有此二种“苗蛮”。遗憾的是，以上所有文献，都没有说明这两种“苗蛮”的来龙去脉，因此难以判断他们的族属。所幸的是《黔南苗蛮图说》讲述了“杨保苗”和“羊獚苗”的起源：

“杨保苗，明播州宣慰使杨氏之后裔，播州自唐入杨氏，世守其土，传二十九世，八百余年，至万历间播州宣慰司杨应龙叛川湖，贵州总督李化龙讨平之，杨氏乃亡……礼颇有华风。”[②]“羊獚，一曰杨黄。其种亦夥播州杨氏之遗民也，男子剃发，习汉语……婚姻与汉族同……有杨、龙、张、石、欧五姓。”[③]这里的记载很明确，“杨保苗”和“羊獚苗”同为播州宣慰使杨氏之后裔。称“杨保苗”，似有杨氏世保其土之意，“羊獚”本为“杨黄”，写作“羊獚”，显然有蔑视之意。从以上关于同出于杨氏的两种“苗”的习俗来分析，其原来很可能是汉族的种群，因为“杨保苗”“礼颇有华风”，“羊獚苗”“习汉语，婚姻与汉同”。可以作为佐证的是，罗绕典在道光年间修撰的《黔南职方纪略》中也记载：“播州杨氏，其族属之。在贵州者，曰羊獚”，“服饰与汉人同，男子计口而耕，妇人度身而织……有

① 《元史》卷一六一，《杨大渊传》等，中华书局，1976年版。
② 《黔南苗蛮图说》第三十七种《杨保苗》。
③ 《黔南苗蛮图说》第三十八种《羊獚苗》。

杨、龙、张、石、欧等姓”[①]。同样说明，播州杨氏后裔的民族成分接近或属于汉族。如果说他们的心理、语言和风俗习惯等已经与苗族区别不大，只能说是在长期的民族交往中，汉族与当地少数民族融合的结果。

那么，“羊獚苗”融入了哪种少数民族之中了呢？据当代的学者考证，今天的毛南族就是历史上出现的“羊獚”[②]。今天的贵州平塘还有“羊獚”，已经根据其语言系属划归了毛南族。

三、“宋家”与“蔡家”的族属问题

“宋家”与“蔡家”，在一些《苗蛮图》中也有时被称为“宋家苗”和“蔡家苗”[③]，清人罗绕典的《黔南职方纪略》就称其为“宋家苗”和“蔡家苗”[④]。《大明一统志》、《大清一统志》以及桂馥的《黔南苗蛮图说》则都称为“宋家”和“蔡家”。要弄清这两种“苗蛮”的民族属性，首先还要从他们的来源说起。据《黔南苗蛮图说》记载：“宋家，春秋时宋人之裔，为楚所俘，放之南徼，遂流为夷。宋宣慰祖也。”[⑤]“蔡家本蔡国之裔。战国时楚将庄蹻灭牂牁，时蔡侯久为楚所灭，遂迁其公族于牂牁，于是，苗中有蔡家子矣”[⑥]。罗绕典更明确地指出，“宋家盖中国之裔。春秋时，宋为楚子所蚕食，俘其人民而放之南徼，遂流为夷，即宋宣慰之祖也。通汉语，识文字，勤于耕织”。罗绕典又说：“蔡家即宋人。亦为楚所俘，在威清、平远。”[⑦]由此看来，说“宋家”与“蔡家”原本都是中原汉族，应当没有疑问。按照一般的民族识别理论，确定民族成分时，当然不能只看该族体的祖先渊源，更应该根据其族体的生活地域中所形成的共同心理、主体语

---

① ［清］罗绕典：《黔南职方纪略》卷九，《苗蛮》。
② 侯绍庄等著：《贵州古代民族关系史》第二篇第四章第三节，《毛南族》。
③ 陈浩：《八十二种苗图并说》，见李汉林《百苗图校释》。
④ ［清］罗绕典撰《黔南职方纪略》卷九，《苗蛮》。
⑤ 《黔南苗蛮图说》第三十九种《宋家》。
⑥ 《黔南苗蛮图说》第四十种《蔡家》。
⑦ ［清］罗绕典：《黔南职方纪略》卷九，《苗蛮》。

言、生活习惯、宗教信仰等因素。从这一点来看，“宋家”和“蔡家”原本都是汉族群体，春秋战国时居于今河南境内的宋国和蔡国之地。由于相互之间的战争，一部分宋人和蔡人被楚国打败，先后被流放到了今贵州境内，由于长期与当地的民族交往融合，也被当作苗人看待，甚至直接将其称为“宋家苗”和“蔡家苗”。其实，就其语言和生活习俗来讲，二者分别保留着传统的汉族文化。如“宋家”“颇通汉语，知文字，勤耕织，守礼法，今尽变而为华不复可别识矣”①。“蔡家”也是“通汉语，知文字，今杂汉人中，多不辨矣”②。不论从祖先来源，还是从民族语言、风俗习惯，甚至人的长相上，都说明其“宋家”和“蔡家”原是汉族。只不过因他们与“苗蛮”长期杂居，而被当成了“苗蛮”而已。

四、“狆家”与布依族

在《苗蛮图》中，一般都列有数种“狆家”。从前面所列的《苗蛮种类表》以及文中的补正可知，《黔南苗蛮图说》中被称为“狆家”的“苗蛮”共有六种，即：“清江狆家”、“卡尤狆家”、“青狆家”、“黑狆家”、“白狆家”、“八番狆家”。从历史文献上看，“狆家”一般是指布依族。最早出现此名称的官方正史是《元史·地理志》中“栖求等处狆家蛮”③的记载。明清史籍中有时称其为“狆苗”，有时称为“狆家”，有时也称为“狆蛮”或“青狆”等。清代及民国年间，布依族在“狆家”之外，尚有“夷家”等多种称呼，现对《苗蛮图》中“狆家”的民族属性做些分析。

要知道《苗蛮图》中的“狆家”是否都属于布依族，或含有其他民族，首先要弄清“狆家”名称的来历。目前的研究者普遍认为，“狆家”名称的由来一是因为该族群在农业生产中以从事水稻种植为主，因而被称为“种人”或“种家”。《弥勒州志》云：“种家亦作仲家。”今天的布依族多喜

① 《黔南苗蛮图说》第三十九种《宋家》。
② 《黔南苗蛮图说》第四十种《蔡家》。
③ 《元史》卷六三，《地理志》六，新添葛蛮安抚司条。

河谷平地，傍水而居，早事农业，善种水稻，故呼之为“种家”，即“仲家”。也有记载说，布依族“相传奉调而来，身穿重甲，因名狆家”[①]。那么，《苗蛮图》中的“狆家”是否具备这些特点呢？

《黔南苗蛮图说》记载，“卡尤狆家”每岁“六月六日栽插已毕，又宰祭分食，如三月呼为更将，如汉语过小年也”[②]。说明“卡尤狆家”是从事水稻栽植并十分重视水稻插秧的。与布依族的传说相一致。“八番狆家”“日出而耕，日入而织，获稻和谐储之”[③]。“八番狆家”种水稻的事实也有较为明显的反映，说明“八番狆家”也应属于布依族。

由此推论，“狆家”基本上都属于布依族。“白狆家”、“黑狆家”、“青狆家”只是因为服饰颜色有别而已。“清江狆家”则因分布在清江才有此称。但是，李汉林君认为，“黑狆家”不是布依族，而是侗族。其理由是陈浩《八十二种苗图并说》记载“黑狆家”在“清江所属”，而文献并未发现“黑狆家”曾经居住在这一地区的记录；其次是陈浩记载了“黑狆家”以种树为业，这不是布依族的文化特征；再次是陈浩书中讲到了“黑狆家”借贷担保的现象很普遍，而这正是侗族的文化特征，因此，这里的“黑狆家”应该是指侗族，而非布依族，并且认为“清江狆家”就是“黑狆家”，也属于侗族[④]。关于李汉林的第一个理由，布依族在“清江所属”，这只是陈浩之书的记载，实际上，在《黔南苗蛮图说》中记载的是，“黑狆家”“惟义兴府及都匀、荔波两县与三脚分州有”[⑤]。清江所属地区在贵阳东北，而义兴府和都匀、荔波在贵州最南部，因此，不能因文献上未找到清江地区没有“黑狆家”居住的记录，就说所有“黑狆家”都不是布依族。而且，在历史上，很多民族是经常迁徙流动的，清代居住在义兴和都匀、荔波地区的“黑狆家”，也可能曾经在清江流域居住过。关于李汉林的第二个理由，认为

① 常恩修、邹汉勋、吴寅邦纂：《安顺府志》，咸丰元年刻本。

② 《黔南苗蛮图说》第四十二种《卡尤狆家》。

③ 《黔南苗蛮图说》第四十六种《八番狆家》。

④ 《百苗图校释》，第173页，注释（一）。

⑤ 《黔南苗蛮图说》第四十四种《黑狆家》。

“黑狆家”以种树为业，因此就不是布依族，也有些牵强，因为布依族有种植水稻的文化特征，但不是说凡是种植水稻的就是布依族；反过来说，也并不能说在种植水稻之外有从事林业者就一定不是布依族。从前面所述的“狆家”名称的来源看，还有“身穿重甲，因名狆家”的说法。至于第三个理由，本人认为，尽管侗族有借贷担保的文化特征，但同样不能将具备这种特征的民族就认定为侗族。借贷担保太普遍了，绝不可因为“黑狆家”有这种现象，就断定他们是侗族。总之，《苗蛮图》中的“狆家”应该都属于布依族。

关于“狆家”族属问题需要补充说明的是，在陈浩《八十二种苗图并说》中还列出了“补笼狆家”一条。有研究者认为，“补笼狆家”实际上就是田雯《黔书》中的“青狆家”，《苗蛮图》称其为“补笼狆家”，是个失误[①]。也就是说，“补笼狆家”就是“青狆家”，《苗蛮图》中有了“青狆家”就无须再列“补笼狆家”。本人认真阅读了田雯《黔书》，并且与陈浩之书所载“补笼狆家”相对照后发现，上述观点全属错误的推论。田雯《黔书》中“补笼狆家”与“青狆家”是分别得很清楚的，田雯说：“何谓仲家？五代时，楚王马殷自邕管迁来，其种有三：一曰补笼；二曰卡尤；三曰青仲。贵阳、定番、广顺皆青仲，而安顺、镇宁、顶营则补笼、卡尤也。”[②]陈浩《八十二种苗图并说》明确记载“补笼狆家”在贵阳定番、广顺二州，南笼、安顺二府，“青狆家”在古州、清江、丹江等处。引起上述错误的原因是田雯《黔书》中说：“贵阳定番、广顺皆青仲，而安顺、镇宁、顶营则补笼、卡尤也”，就是说“补笼狆家”分布在安顺、镇宁、顶营，而陈浩书中说“补笼狆家”分布在贵阳定番、广顺二州，南笼、安顺二府。田雯认为在贵阳定番、广顺二州的全是“青狆家”。二者谁是谁非？只有靠第三种文献才可以得到证实。这第三种文献就是张汝怡的《诸苗考》。该书记载“补笼狆家”是“在定番、广顺二州”[③]。与陈浩记载的“补笼狆家”居住地完全一致，怎么能说是陈浩误指“青狆家”为“笼龙狆家”了呢？另外，陈

① 《百苗图校释》，第137页，注释（一）。
② ［清］田雯《黔书》上卷，《苗蛮种类部落》。
③ 《诸苗考》补笼狆家条。

浩的《八十二种苗图并说》中，第七种为“补笼狆家”，第八种为“青狆家”，二者紧紧相连，从这一点分析，陈浩也不可能将“补笼狆家”误以为“青狆家”。

五、“水家”、“羚家”、“羊家”、“獞家”、“黑猺”、“花猺”、“狪家”的民族属性

这几种“苗蛮”在《黔南苗蛮图说》中都来源于传说中的盘瓠之种。《诸苗考》云：“水、羚、羊、獞、猺、狪六种杂居荔波县，服色虽别，风俗略同。”[①]但他们的民族属性却有所相同。“水家”在其他《苗蛮图》中也有时被称为“水家苗”。1956年被确定为水族，当今水族的居住地、语言、习惯与《苗蛮图》所记清代的“水家”完全一致，其民族属性向无争议。

“羚家”在陈浩《苗图》中被称作“羚家苗”。由于该种“苗蛮”有“于十月晦日祭鬼”和青年男女未婚之前同居，“至生子方归母家”的婚俗，以及“若未生子，终不归宁”的观念，与今天的瑶族相一致，故此有人认为“羚家”就是今天的瑶族在清代的别称[②]。又根据“羚家”的“男女均以蓝花帕蒙首”的习惯，认为“羚家”应属瑶族中的花瑶支系。但是，从“羚”的称谓来说，早就有“羚与狪同”的记载，《龙胜厅志•风俗》中说：“西南诸夷，种类既繁，习俗各别”，“羚与狪同”。《融县志》云：“侗即伶，背江一隅间有之。”从语言和风俗的实际调查中，也得到了伶语与侗语相同的结果[③]，说明“羚家”并非瑶族，而是侗族。

“獞”、“猺”、“狪”三种“苗蛮”的民族属性较为容易确定。“獞家”的“獞”即僮，“僮家”就是今天的壮族。“猺家”在《黔南苗蛮图说》中分为“黑猺”和“花猺”两种，实际上都属于今天的瑶族。“狪家”

① 《诸苗考》水、羚、羊、獞、黑、狪条。

② 《百苗图校释》之《羚家苗》条注释。

③ 《龙胜厅志•访问》。

即今天的侗族。较难确定的是“羊家”。“羊家”的“羊”字原有“犭”旁。除《黔南苗蛮图说》以外的各本《苗蛮图》基本上未将“羊家”单独列为一种“苗蛮”。《诸苗考》将“羊家”与“水、狑、獞、猺、狪”五种风俗略同的“苗蛮”并列，“羊家”最接近“猺家”，可能是瑶族的一种。

六、诸“犵狫”与“夭苗”的民族属性

在《黔南苗蛮图说》中有11种“苗蛮”被称为“犵狫”，犵字原为“革”加“犭”旁。这个名称的用字有时也可写作“犵狫”、“仡佬”等。从目前的研究成果看，这11种“苗蛮”多属于仡佬族。从《黔南苗蛮图说》及其他《苗蛮图》文献对于各种“犵狫”的描述来看，他们之间的不同也只是表面上的区别而已。如以花布围腰者曰“花犵狫”，以红布围腰者曰“红犵狫”。“披袍犵狫”男女皆外袭方袍；“猪屎犵狫”与犬豕同牢；“剪发犵狫”男女短发；“打牙犵狫”女子出嫁前折去门牙二齿；“锅圈犵狫”头饰如同锅圈等。善捕鱼者称为“水犵狫”；生活较为原始者称为“土犵狫”；“木犵狫”也是仡佬族无疑。按照桂馥的考证，“犵狫”原自晋代的山獠，獠人常役使其他种族的蛮人，獠人本身便被称为“主獠”，以后“主獠伪为犵狫，仆獠伪为木狫”[①]。“木狫”即“木犵狫”，在陈浩《苗图》中 “木犵狫”就被称为“木狫”。

“郎慈犵狫”在陈浩《八十二种苗图并说》等书中将其称作“郎慈苗”。如前面所举日本著名民族学家鸟居龙藏考证，“郎慈苗”并非苗族，只是泛称为苗而已。从其渊源来分析，也应属于仡佬族。《黔南苗蛮图说》的作者明确指出：“郎慈犵狫，獠之别种也。黔人以为苗种，呼为郎慈苗，非也。”[②]为什么该种“苗蛮”以“郎慈”为名？因为他们的风俗是妇人生子，“其夫卧床褥，饮食皆如乳妇，称为‘产翁’，弥月乃出”[③]。丈夫像

---

① 《黔南苗蛮图说》第五十四种《红犵狫》。
② 《黔南苗蛮图说》第六十四种《郎慈犵狫》。
③ 《黔南苗蛮图说》第六十四种《郎慈犵狫》。

慈母一样抚育儿女，故名“郎慈”。

“郎慈犵狫”又称“郎慈苗”，实属仡佬族。与此相似的还有“夭家”，“夭家”因居住在夭坝，祖先为夭坝土司夭应禄而得名。实际上，夭家只是“水仡佬”的别名而已。在其他文献中，“夭家”名称还有“扰家”、“夭坝千”、“夭苗”、“短裙苗”等，显然应该属于仡佬族。

七、“犵当”、“犵兜”、“犵獞”[①]的族属问题

这三种“苗蛮”在许多《苗蛮图》中不见记载，《黔南职方纪略》记有“仡当”、“仡兜”。陈浩《苗图》中只列有“犵獞”（写作“仡僮”）一种。有学者认为，这里的“仡僮”是指荔波县划归贵州统辖的壮族[②]。按照《黔南苗蛮图说》的说法，“犵当、犵獞皆古板楯七姓蛮种，唐南平獠也”[③]。从来源上看，三者应属于同一种民族。如果说“犵獞”为壮族，其他两种也是壮族。但是，民国年间研究贵州民族的学者认为，“犵兜好居高坡，疑即高坡苗之一种，皆可归并，不必多立名目，炫异惊奇”[④]。如果“犵兜”属于“高坡苗”，那么该种“苗蛮”就是苗族。但是持此观点者仍然不能下此结论，只是“疑即高坡苗之一种”而已。

在清人李宗昉的《黔记》中，又有“水仡佬亦名仡兜苗”[⑤]的说法。根据以上材料分析，“犵獞”属于壮族似乎没有问题，“犵兜”属于苗族也有一定根据。最近的研究成果显示，“犵兜”、“水仡佬”、“花仡佬”、“木佬”、“犵家”等都属于黔中南支系东部亚支系的苗族，而绝不是仡佬族[⑥]。只有“犵当”确切的族属似乎难以确定。如果说“犵当”与“犵兜”

---

① 犵当、犵兜、犵獞之“犵”字原文为“犭”旁加“革”字，“当”字原有“犭”旁。

② 《百苗图校释》，第208页，注释。

③ 《黔南苗蛮图说》第六十五种《犵当》。

④ 童振藻：《黔中苗乘》第三章《种类之区别》。

⑤ ［清］李宗昉：《黔记》卷三。

⑥ 刘锋：《百苗图疏证》第一章，第41-46页；第六章，第241页。

相同，都是“犵家”，那么，“犵当”也当归属于苗族之列。

八、诸“龙家”的民族属性

《黔南苗蛮图说》载有五种“龙家”：“白龙家”、“曾竹龙家”、“马镫龙家”、“大头龙家”、“狗耳龙家”。童振藻认为，以上五种“龙家”实为一族。从《黔南苗蛮图说》中也可得到证实：“龙家者，昔汉武帝灭且兰，置牂牁郡，迁蜀之大姓龙、傅、董、尹于其地。龙氏于诸姓为最大，故号为龙家。”[①]刘锋认为，“元明清三代所称的‘龙家’，并非一个民族，而是一个多民族群体，其中包括汉族、苗族、彝族、布依族等众多民族”[②]。但是，刘锋又讲到“考虑到‘龙家’的分布区在9世纪前很少有汉移民，也未出现过‘龙氏’地方势力集团，直接来自汉族龙姓的可能性亦当排除”[③]。这样看来，似乎有些矛盾，既讲“龙家”民族成分复杂，其中包括汉族、苗族、彝族、布依族等众多民族，又认为来自汉族龙姓的可能性应当排除。其实，《黔南苗蛮图说》说的很明确，“龙家”中就有由蜀地迁来贵州的大姓龙、傅、董、尹等，不能排除龙姓来自汉族的可能性。至于说“龙家”包括了几个不同的民族成分，各种“龙家”的风俗分别与苗、彝、布依等族相似，这显然是各民族在长期的融合过程中所产生的结果，完全在情理之中。总体看来，“狗耳龙家”、“大头龙家”的服饰、婚俗与苗族相近，“曾竹龙家”、“马镫龙家”、“白龙家”带有汉族习惯，因此，“龙家”基本上属于“苗族”和“汉族”两个群体，其中，各种“龙家”中的某些习俗、服饰带有一些彝族、布依族的一些特点，这也是各民族成员在共同的或相邻的地域内共同生活、互相影响的结果，不能说一部分人的生活习惯或服饰打扮类似于某个民族的习惯或服饰，就断定他们是那个民族，对于民族属性的识别，还必须从源流、演化、语言、心理、宗教、风俗、经济生活等多

---

① 《黔南苗蛮图说》第六十八种《白龙家》。

② 刘锋《百苗图疏证》存疑篇，第321页。

③ 刘锋《百苗图疏证》存疑篇，第324页。

方面加以考察。

九、“侬家”与壮族及瑶族

“侬家，宋侬智高之后裔。智高为狄青所败，走泗城、广南诸府，自号为侬家。”[①]关于贵州“侬家”的来源问题似乎并无问题，在今天的民族史研究中，普遍将侬智高作为壮族的农民起事领袖，那么，侬智高的后裔自然也应该属于壮族。但是，国外最新的研究成果表明，兴起于广西的“侬氏”与历史上的西原蛮“黄氏”有关，带有许多“瑶族”的特点，因此，“侬家”很可能属于瑶族[②]。这只是日本学者的一家之言，按照中国学术界一般的观点，从“侬家”的历史、语言等诸多重要方面来看，确定“侬家”为壮族具有充分的理由。但是，民国时期的童振藻却将其划入了“纯苗”范畴之内，表明了当时民族研究还不够科学，其结论自然不可取。

十、“蛮人”、“僰人”、“峒人”、“土人”、“六洞夷人”的族属问题

在《黔南苗蛮图说》中，以“某某人”命名的“苗蛮”共有6类，“蛮人”中包括“冉家蛮”和“楼居蛮”。“冉家蛮”因该族中大姓为“冉”而得名，“楼居蛮”因建楼以居而得名。由此分析，三者应该同为一个民族。但是，《黔南苗蛮图说》关于三者渊源的记载，却各不相同。“蛮人自滇迁来，相传梁元帝时爨瓒者，本河东人，祖事晋，为南宁太守，中原乱，遂居南宁之地，王蛮夷，称西爨白蛮”，“冉家蛮本蜀郡西北汶山夷冉駹裔，即茂州蛮是也”，“楼居蛮本蜀涪州南平蛮之后。陈末，其渠帅有宁氏者，生有猛力，为宁越太守，陈亡，自以与陈叔宝同日生，当代为天子，乃不入

① 《黔南苗蛮图说》第七十三种《侬家》。

② ［日］冈田宏二：《中国华南民族史研究》（中译本），第五章第三节，民族出版社，2002年版。

朝，世为乱。宋熙宁中，讨平之，以其地隶州，建南平军。其族属逃窜黔中，与苗人杂处，因好楼居，人呼为楼居苗。久之，自忘其为蛮种。”[①]三者的共同点是皆来自贵州之外，“蛮人”即“西爨白蛮”来自云南，其他二者来自四川。李汉林认为，“蛮人”就是贵州境内的土家族在明清时代的称呼，“冉家蛮”是“蛮人”的一种，也是土家族。在李汉林校释的陈浩《苗图》中，“楼居蛮”被称作“楼居黑苗”，并认为其与“夭苗”同属于“黑苗”的一部分[②]。“夭苗”即“夭家”，已经在前面考证为仡佬族，显然不是什么“黑苗”，只是泛称作“苗”而已。刘锋认为，“‘楼居黑苗’是指生息在边远山区的侗族居民”[③]。那么，这三种“蛮”究竟属于什么民族呢？先看“蛮人”即“西爨白蛮”，《华阳国志•南中志》载，“夷人”中的爨氏进入贵州后，分为东境与西境，称为“东爨乌蛮”、“西爨白蛮”，唐代樊绰的《蛮书》中也有“西爨白蛮，东爨乌蛮也”的记载。目前的研究者普遍认为，“白蛮”就是今天白族的先民，“乌蛮”就是今天彝族的先民。《苗蛮图》中的“蛮人”被称作“西爨白蛮”，显然应该属于白族。如果说“冉家蛮”、“楼居蛮”与“蛮人”同种，那么，三者都应该属于白族。但是，《黔南苗蛮图说》中，记载“冉家蛮”为蜀郡西北汶山夷冉駹后裔，即“茂州蛮”，冉、駹皆为古代氐、羌部落，汉武帝时以两个部落为主设置汶山郡，唐代茂州都督府下设羁縻州，即茂州，《苗蛮图》中的“茂州蛮”，即指这里的民族部落。虽然“冉家蛮”与“蛮人”来源不同，但陈浩《苗图》与桂馥《黔南苗蛮图说》都说其俗与“蛮人”同。也就是说，如果确认“冉家蛮”为土家族，那么，“蛮人”也是土家族，如果确认“蛮人”为白族，则“冉家蛮”也属白族。关键要对他们的语言、历史、风俗习惯等进行充分的调查后，才可确定。从目前田野调查的资料来看，这个群体更为接近土家族的各种特征。

---

① 《黔南苗蛮图说》第七十五种《蛮人》、第七十六种《冉家蛮》、第七十七种《楼居蛮》。

② 《百苗图校释》，第83页，注释。

③ 刘锋：《百苗图疏证》，第217页。

关于“楼居蛮”与“楼居黑苗”的问题需要再作些分析。如前所述，李汉林认为“楼居黑苗”属于苗族，类同于“夭苗”，根据是“夭苗”有楼居生活特点。刘锋认为“楼居黑苗”属于侗族，其根据是“楼居黑苗”“厝置待葬”的习俗与侗族葬俗相同。二人所说的“楼居黑苗”，都是指陈浩《苗图》中的第五十八图而言，在桂馥《黔南苗蛮图说》中记载的是“楼居蛮”。“楼居黑苗”是否就是“楼居蛮”呢？本人对比陈浩和桂馥两书的记载认为，二者就是同一个民族。原因是两书都记载这部分人居住在贵州八寨、丹江等地；妇女都绾髻若羊角；都有楼居的习惯；人死皆入殓停尸20年后合寨百棺同葬等等。在桂馥的书中还明确地记载：“楼居蛮”“与苗人杂处，因好楼居，人呼为‘楼居苗’”[①]。关键是这个民族群体到底属于哪个民族？从文献上分析，我们要注意到桂馥的《黔南苗蛮图说》对于“楼居蛮”的来源是这样记载的：“（楼居蛮）本蜀涪州南平蛮之后。陈末，其渠帅有宁氏者，生有猛力，为宁越太守。陈亡，自以与陈叔宝同日生，当代为天子，乃不入朝，世为乱。宋熙宁中，讨平之，以其地隶州，建南平军。其族属逃窜黔中，与苗人杂处，因好楼居，人呼为楼居苗。久之，自忘其为蛮种。”很明确，“楼居蛮”应是“南平蛮”（亦称南平僚）的后裔，是古代僚人的一支，唐代时主要分布于四川南郡及贵州、广西等地。由此说来，“楼居蛮”明显不应该划归苗族。如果单从这部分人群“厝置待葬”的习俗来看，似乎可以将其划归“侗族”，但更应该从较为广泛的角度区分“蛮人”的民族属性，“楼居蛮”的民族归属仍有进一步探讨的必要。

再说“僰人”。“僰人自滇迁来，滇之建宁郡南有濮夷，无君长，各以邑落自聚，故称白濮。有文面濮、赤口濮、黑僰濮。”[②]“僰”与“白”发音相近，故“僰人”即“白人”，也就是今天的白族。需要说明的是，明代后期的白族学者李元阳所编纂的《云南通志》改为用“僰”称“傣族”，将傣族的称呼“百夷”或“白夷”尽称作“僰夷”，而将“僰人”称为“土

① 《黔南苗蛮图说》第七十七种《楼居蛮》。
② 《黔南苗蛮图说》第七十八种《僰人》。

人”、“僰民”等。因此造成有人以“僰”指傣族，也有人以“僰”指白族的混淆。但是，《黔南苗蛮图说》中的“僰人”称“白濮”，很清楚就是白族。

这里提到了“土人”，由于“僰人”也曾被称为“土人”，而且很多少数民族都曾被汉人称作“土人”。因此，需要认真辨认《苗蛮图》中“土人”的民族特征，以此来确定其民族属性。据南宋周去非《岭外代答》记载：“钦州民有五种：一曰土人，自昔骆越种类也。”[①]该处的“土人”指的是壮族；李元阳将“僰人”称作的“土人”，实为白族；而《黔南苗蛮图说》中的“土人”应为土家族。因为土家族自称“毕兹卡”，意思为“本地人”或“土著人”，意译为“土人”。将此处的“土人”定为土家族，恰好与今天土家族在贵州的居住地相吻合。李汉林君已经就此作出判断，十分恰当。

“峒人”的民族属性十分清楚，就是今天的侗族。“峒人又名峒丁，汉西南牂牁郡溪峒箐篁獠之后裔也。”[②]侗族早在明代就有了“峒（洞、硐）人”或“洞蛮”等称呼。清代的“洞苗”、“洞民”、“洞家”[③]无疑都是指现在的侗族，对此并无争议。

关于“六洞夷人”，在《黔书》、《黔记》、《黔南职方纪略》等文献中均未出现。一般的《苗蛮图》中也没有记载该种“苗蛮”。这给考证他们的民族属性带来了一定困难。从《黔南苗蛮图说》的记载来看，六洞夷人是“元时西南夷中下烂土等处洞长忽带之后裔也”[④]。很清楚，六洞夷人是以居住特点而得名的，按照居住方式，以洞为单位，有洞长。因此，“六洞夷人”也就是前面论述的“峒人”或“洞人”。“夷人”只是泛称而已，其民族属性应确定为侗族。

---

① 《岭外代答》卷三。
② 《黔南苗蛮图说》第七十九种《峒人》。
③ 与前面所考证的“狪家”相同。
④ 《黔南苗蛮图说》第八十一种《六洞夷人》。

十一、"里民子"、"六额子"、"白额子"、"羿子"、"白儿子"的民族属性

"里民子"一名出现较晚，在目前所见各种《苗蛮图》中，只有《黔南苗蛮图说》记载了他们的渊源："明初有唐郎均者，凤阳府人，从征黔蛮有功，授木官长官。永乐间改为土里目，其部属之裔，人呼为里民子。"[①]从"里民子"的渊源来看，很像是汉族。在很多朝代，里是地方的基层组织，明代以百户为里，里内之民可称为"里民"，加上"子"字，似有蔑视之意。从"里民子"的语言和习俗来看，"里民子"："通汉语，贸易为生。妇女发扎额前……衣服与汉同……婚姻、岁时礼节皆同汉人。"[②]更说明"里民子"实为汉族。校释陈浩《苗图》的李汉林认为，"里民子"是指已经被编为里的一批新纳税户，但并未讲明其民族成分如何。

"六额子"与"白额子"同属一个民族，均为"西南徼外古羌夷白马氐之裔，有黑、白二种，黑者名六额子，白者名白额子"[③]。有人认为，"白马氐"为古氐人的一支，原在四川北部及甘肃东南部一带，明清时的"白马番"可能为其后裔，族属不能确定[④]。"六额子"的祖先为氐人，但发展到清代时的"六额子"属于哪个民族就很难确定。李汉林的《百苗图校释》中，对"六额子"和"白额子"做出了新的解释，认为"额子"分黑白两种，就一定是彝族土司的庇荫户，从冠以"六"字来分析，苗族有六个宗族结为一个姻亲集团的传统，因此，"六额子"应是苗族，"白额子"因穿白而得名，同样应该为苗族。对于李汉林的推论，本人认为有一定道理，但最主要的还是因为"六额子"和"白额子"所操的语言和"洗骨葬"等风俗习惯与苗族相同，因此应确定其为苗族。

"羿子"这种"苗蛮"名称，在《黔南苗蛮图说》之外的各种版本《苗

---

① 《黔南苗蛮图说》第八十二种《里民子》。
② 《黔南苗蛮图说》第八十二种《里民子》。
③ 《黔南苗蛮图说》第八十三种《六额子》。
④ 陈永龄主编：《民族词典》，第301页"白马氐"条，上海辞书出版社，1987年版。

蛮图》中皆未出现。清人罗绕典的《黔南职方纪略》提到了“羿子”之名，但未做任何解释与说明，对其分布地区、风俗习惯更是只字未提。因此，由于文献资料缺乏，只好根据桂馥的记载，对其做出初步的推论。桂馥说：“羿子”“即南丹蛮夷子后裔也。夷子居应州（今黎平、都匀）之西，庄州（今定番、贵定、龙里、清平、平越地）之南，西赵之东……隋末渐与中国绝。久之，伪夷为羿，今多居大定羿子塘及毕节。人以为猓猡之别种，非也”[①]。也就是说，“羿子”是“夷子”的变称，“羿子”不是彝族（猓猡），而是“南丹蛮”后裔。但是，“南丹蛮”的族属仍难以确定。在《明史》中，有关“羿子”的信息称：“（成化）十六年（1480），白罗罗羿子与都掌大坝蛮相攻”，“白罗罗者，相传为广西流蛮，有众数千，无统属。景泰中，纠戎、珙苗，攻破长宁九县，今又侵扰都掌。其所居，崖险箐深，既难剪灭，亦宜立长官司治之。地近芒部，宜即隶之。羿子者，永宁宣抚所辖。”[②]在这里，将“白罗罗”与“羿子”并提，似乎都是广西流蛮，只是“羿子”归永宁所辖而已。由此分析，“羿子”很可能是“白罗罗”的分支。前面已经明确，“白罗罗”为彝族，如果此推测不错的话，“羿子”也应该属于彝族的一部分。是否如此，还有待进一步研究。

最后的一种“苗蛮”是“白儿子”。该种“苗蛮”出现在多种文献之中[③]，但是，对于“白儿子”作出最详细解释者仍然是桂馥的《黔南苗蛮图说》，其中云：“白儿子有二种，一为猓猡之孽子，一为汉种猓猡，贵黑贱白，名分不相紊乱。”[④]如此看来，“白儿子”定是与“猓猡”相同的民族，即属于今天的彝族，但是，为什么对这部分人不直接称“黑、白猓猡”，而叫做“白儿子”呢？《黔南苗蛮图说》透露了其中的真正原因：“在昔安氏盛时，凡酋长把目，皆嫡子承袭，庶子长成，为之娶妻媳，给以

---

① 《黔南苗蛮图说》第八十五种《羿子》。

② 《明史》卷312《四川土司列传·永宁宣慰司列传》。

③ 陈浩《八十二种苗图并说》、《黔苗竹枝词注》、恒保《公余随录》、《贵州苗民风俗图》第四册，均载有“白儿子”条目。

④ 《黔南苗蛮图说》第八十六种《白儿子》。

房屋、田土、牛只，出外另居，仅足自给，其母有私积，背父分助之。自是家中一切婚姻、丧祭，皆不得预闻，殆防夺嫡之患，故名之曰‘白儿子’。又有因汉人入赘夷家，生子后有仍归汉者，令其子女多有母无父，故亦谓之‘白儿子’。”[①]可见，的确有两种“白儿子”，一种是纯粹的“猓猡”庶子，即彝族；一种是汉族与彝族的混血儿。对此，《贵州苗民风俗图》有诗为证：“常招汉婿作东床，生子终须返故乡。太息竟成无父国，孤儿那怪白衣裳。”[②]不管哪一种“白儿子”，其民族属性都是比较清楚的。

以上分为11组，对《黔南苗蛮图说》所涉及的各种“苗蛮”的民族属性问题进行了初步探讨，绝大多数“苗蛮”的民族属性已经弄清，也有少数“苗蛮”的族属只是作出了粗浅的推论，有待进一步加以考证。需要特别说明的是，有些“苗蛮”的成分可能比较复杂，并不一定只属于一种今天的某一个民族，而今天的某个民族中，也许包含了清代的几种“苗蛮”，也就是说，《苗蛮图》中的“苗蛮”与今天的民族并非全部一一准确对应。本文所推定的结论是指各种“苗蛮”的主体成分应该属于今天的哪个民族。现将前面的结论归纳列表如下：

表四 “苗蛮”主体成分与现在民族对应表

“苗蛮”名称	现在民族
黑猓猡（卢鹿、乌蛮）、白猓猡（白蛮、白夷阿和）、羿子、白儿子	彝 族
青苗、红苗、花苗、白苗、黑苗、克孟牯羊苗、阳洞罗汉苗、谷蔺苗（鸭寨苗）、紫薑苗、八寨苗（黑苗）、九名九姓苗、洞苗、高坡苗（顶板苗、）黑生苗、鸭雀苗、黑山苗（化外生苗）、水西苗（化外生苗）、清江黑苗、黑脚苗、黑楼苗、生苗、九股苗、车寨苗、洪舟（州）苗、短裙苗、姑卢苗、摆榜苗（打铁苗）、西溪苗、班苗、鸭崽苗、宗地苗（花衣苗）、平伐苗、六额子、白额子（老巴子）	苗 族

① 《黔南苗蛮图说》第八十六种《白儿子》。

② 《贵州苗民风俗图》第四册《白儿子六十五》。《诸苗考》之“白儿子”条诗文与此有别，其意相同。现录于下：“生女藉汉作东床，儿产亲仍整故妆。其人大半多无父，题名白子义先彰。”

“苗蛮”名称	现在民族
东苗、西苗、杨保苗、宋家、蔡家、白龙家、曾竹龙家、马镫龙家、大头龙家、狗耳龙家、里民子	汉 族
羊犷苗（杨黄苗）	毛南族
补笼狆家、卡尤狆家、青狆家、黑狆家、白狆家、八番狆家	布依族
水家	水 族
狑家、羊家、黑猺、花猺	瑶 族
獞家、犵当、犵獞、犵兜、侬家	壮 族
狪家、峒人（峒丁）、六洞夷人	侗 族
红犵狫、花犵狫、披袍犵狫、猪屎犵狫、剪发犵狫、打牙犵狫、锅圈犵狫、水犵狫（扰家土民）、土犵狫、木犵狫、郎慈犵狫（郎慈苗）、夭家	仡佬族
蛮人、冉家蛮（冉家人）、楼居蛮（楼居苗）、僰人（僰耳子、民家子）	白 族
土人	土家族

尽管表四中的某些清代“苗蛮”与今日民族可能有对应不准确的遗憾，但是，我们仍然能够从中看到，由于历史的演变和民族融合的结果，清代的贵州已经成为多民族聚居的地区，并且自春秋战国以来，就不断有汉族人陆续进入贵州。正如本文所分析的“东苗”、“西苗”、“宋家”、“蔡家”等11种见于《苗蛮图》中的“苗蛮”都是汉族流入贵州者。根据《黔南苗蛮图说》的记载，这些汉人“苗蛮”入黔的时间，最早是在春秋时期，如“宋家，春秋时宋人之裔，为楚所俘，放之南徼，遂流为夷，宋宣慰祖也”①。又如“蔡家，本蔡国之裔。战国时楚将庄蹻灭牂牁，时蔡侯久为楚所灭，遂迁其公族于牂牁，于是，苗中有蔡家子矣”②。

---

① 《黔南苗蛮图说》第三十九种《宋家》。
② 《黔南苗蛮图说》第四十种《蔡家》。

对于汉族人进入贵州的时间，有的研究者认为，自秦汉以来才有汉族陆续进入贵州，并明确指出西汉朝廷为了弥补巴蜀二郡租赋之不足，“乃募豪民田南夷”，“这批豪民应是落籍贵州最早的汉人”[①]。从《苗蛮图》的记载来看，这些学者的结论显然是没有参考《苗蛮图》类的文献，才犯了如此主观的错误。这也更能说明《苗蛮图》类文献的重要性。

① 侯绍庄等著：《贵州古代民族关系史》，第四章《元明清三代的民族状况》，贵州民族出版社1991年版。

肆

第四章 《黔南苗蛮图说》所载清代贵州“苗蛮叛乱”疏证

第四章
《黔南苗蛮图说》所载
清代贵州“苗蛮叛乱”疏证

一、贵州“苗蛮”“叛乱”概述

民国时期的民族学家童振藻指出：“黔苗叛服无常，自古已然，清代尤甚。计自殷武丁时叛后，历周、汉、蜀汉、晋、北周五朝，各叛乱一次；唐朝叛乱二次；石晋一次；宋二次；元六次；明二十四次；清二十五次。合计自殷迄清共六十七次。”[①]童振藻先生将贵州历代“苗蛮”叛乱之事一一列表显示其叛乱种类、首领和时间。为弄清清代贵州少数民族起事的大致情况，现根据童振藻先生所列清代部分的内容设计下表：

表五 清代贵州少数民族起事表

起事时间	起事民族	起事首领	备 注
清世祖顺治四年（1647）	苗人	蓝二	攻陷瓮安、黄平
顺治七年	九股苗		劫镇远府卫城
顺治九年	瓮山坝苗	邓保、羊纱	纠平定司苗焚劫
顺治十四年	九股苗、两江苗		劫油榨关中屯，杀人、掳驿马

① 《黔中苗乘》第十九章，《累代之叛乱》，中央民族大学图书馆藏手写本。

起事时间	起事民族	起事首领	备 注
顺治十四年	诸苗		杀土通判杨贻业等人
顺治十五年	施秉、横坡苗	江八浪	劫土官杨文耀
顺治十六年	普安马乃营	土目龙吉兆等	
顺治十六年	苗人	老柴	杀施秉县赵遇奇
康熙三年（1664）	水西宣慰使	安坤	吴三桂平定之
康熙十一年	凯里党稿苗	阿福	纠九股苗、鸡沟、高坡苗攻司营
康熙十二年	八寨苗		杀夭坝土司
康熙四十二年	岩门革彝逆苗	罗尤	杀本管官何赞远
世宗雍正三年（1725）	清平、凯里苗人		
雍正六年	八寨、丹江、清江各苗		巡抚张广泗讨平之
雍正九年	古州苗		
雍正十年	台拱九股苗		全叛
雍正十三年	苗人	包利、红银等	攻古州、清江，陷黄平、清溪、余庆等县，至乾隆元年始平之
高宗乾隆元年（1736）	牛皮箐苗	包利、枉利等	
乾隆五十五年	铜仁红苗、永绥苗	石柳邓、石三保、高承德	联合楚辰苗大作乱，至嘉庆元年始平之

起事时间	起事民族	起事首领	备 注
仁宗嘉庆二年（1797）	南笼仲家（布依族）	七绺须王	至嘉庆十一年始平之
文宗咸丰五年（1855）	荔波水户（水族）、生苗		逐客户，焚宅、分田，据三脚屯围城
咸丰七年	余庆苗人		逼城二十余日始退
穆宗同治元年（1862）	广顺、施秉、黔西苗人	播三王	出没于黄平、施秉、瓮安、黔西一带，至十一年始平之
宣统元年（1909）	镇宁苗人		抵抗禁种鸦片
宣统三年	黄平苗人	苗绅罗应榜	借种族革命，杀汉人

表五所列清代贵州少数民族起事并不一定十分全面，其中一些起事的民族成分也不一定十分准确，在实际的起事过程中，往往有很多民族共同参加，多数起事实际上是各民族的共同反对清王朝统治的斗争。尽管表中记载得不很全面，但仍可看出，清代贵州的民族斗争是比较频繁的。就其发生的频率而言，清前期顺治年间8次；康熙年间4次；雍正年间5次；乾隆年间2次；中后期嘉庆年间1次；咸丰年间2次；同治年间1次；宣统年间2次。道光和光绪年间没有起事发生。结合皇帝在位时间长短来分析，顺治在位18年，发生8次起事，平均每两年多发生一次；雍正在位13年，发生起事5次，平均两年半左右发生一次，这两朝是贵州民族起事最为频繁的时期。而这两朝正是清朝入关后统一全国的时期和清政府在南方民族地区进行大规模“改土归流”的时期，在这两朝频繁发生民族起事，应该与清朝在民族地区不断采取各种军事行动与政治变革有直接关系。

就清代贵州民族起事的规模和程度而言，雍正、乾隆年间的起事持续时间长，参加民族多，对清朝的打击力度大。尤其是包利、红银起事和石柳邓、石三保等起事，在很大程度上动摇了清政府在贵州的统治，致使清政府不得不动用南方多省兵力进行镇压。对此种情况后面将结合《黔南苗蛮图说》的记载，进行详细论述。

二、《苗蛮图》所见清前期几次贵州民族起事疏释

作为珍贵的清代贵州少数民族文献之一的《苗蛮图》，其重要的价值之一就是其中有针对性地记载了多次“苗蛮叛乱”的事实。然而，在众多的《苗蛮图》文献中，只有《黔南苗蛮图说》对此涉及最多。

这里所谓的“苗蛮叛乱”，实际上就是贵州各少数民族反抗清朝政府统治或地方官吏压迫等各种不同形式的斗争，每次斗争的情形各有不同，参加者也并非都是清代文献上记载的所谓“苗族”。对于为什么在清代会产生次数众多的贵州“苗蛮”斗争和起事，各种清代文献和《黔南苗蛮图说》有着不同的结论，对此必须进行实事求是的分析，才能还历史的本来面目。本章以《黔南苗蛮图说》的记载为线索，试对各次“苗蛮”斗争进行梳理，结合历史事实，探讨清代贵州“苗蛮”斗争发生的原因、性质和规律，并说明清代治“苗”政策之得失。

（一）明末清初彝族“土司之叛”

《黔南苗蛮图说》的作者桂馥在《白猓猡》条的按语中有如下记载：

“天启二年，土同知安邦彦挟宣慰使安位叛，崇祯元年总督朱燮元讨平。顺治十五年大兵取滇，安坤为向导，授宣慰使，康熙四年坤反，讨平之。设新疆三府（大定、黔西、平远）四十八目，至今尚存。”

这里记载的是明末清初两次“猓猡”即彝族土司领导的斗争。其首领一次为安邦彦，一次为安坤。

据《明史》记载，发生在明末天启二年（1622）的安邦彦彝族土司反明起事，与前一年首先爆发在四川的永宁宣抚使奢崇明（彝族土司）的起事互相配合，史称“奢安起事”。安邦彦自称“罗甸王”，威震四方。先后攻占了今贵州遵义、毕节、安顺、平坝、霑益等地，围攻贵阳。杀死贵州巡抚王三善。此次起事从天启二年（1622）一直持续到崇祯三年（1629）。崇祯二

年二月，奢崇明自号“大梁王”，安邦彦自号“四裔大长老”。安邦彦之所以称“罗甸王”，是因为“猡猡本名卢鹿……其先汉时从诸葛亮破孟获，封罗甸王，世长其土兵，为诸苗之冠”①。安邦彦为了号召更多的民族共同反明，打起了“罗甸王”的旗号，实际上是率领“诸苗蛮”共同起事，并非只是彝族一个民族的斗争。正如《明史》所载，安邦彦“更招故宣慰土舍宋万化为助，率兵趋毕节，陷之。分兵破安顺、平坝、霑益。而万化亦率苗仲九股陷龙里，遂围贵阳，自称罗甸王，时天启二年二月也”②。这里明确记载着“苗仲九股”即苗族、布依族也参加了“猓猡”即彝族土司领导的起事，说明贵州各民族在反对腐朽的明王朝反动统治时采取了一致行动。

对于康熙初年贵州彝族安坤反清起事的时间，《黔南苗蛮图说》明确记载“康熙四年（安）坤反”，但在《清史稿》中记载的却是康熙“（三年）二月，水西宣慰司安坤叛”③。究竟是康熙三年还是四年？《清史稿·吴三桂传》记载得更为具体：康熙“三年，遣之复及总兵李世耀率兵出大方、乌蒙，攻水西土司安坤、乌撒土司安重圣，并击斩之，以其地设府：陇纳曰平远，大方曰大定，水西曰黔西，乌撒曰威宁”④。在《清史稿》之《湖广土司传》、《贵州土司传》等处记载的安坤反清都是在康熙三年。因为如果是安坤在康熙四年才“反叛”清朝，那么绝不可能在康熙三年就派兵攻杀没有反清行动的安坤。对于安坤反清的时间，《清实录·圣祖实录》有多处记载：“（康熙三年）壬申，平西王吴三桂疏报，进剿陇纳，已经报捷，唯狡逆贺云潜逃……因上下木咱地方，离此不远，蛮目陆亮等，系贺云至亲，平日连接，甚于别寨，恐贺逆逃匿彼中，随令总兵官王会、赵良栋、张鹏程等，分三路进剿，逆苗炮弩交发，我兵奋力冲杀，阵斩陆亮，擒杀逆蛮一千三百八十六名，贺云闻败自刎。”康熙三年闰六月丁卯，“吴三桂又疏报，水西逆苗安坤等梗化，臣亲提师至毕节，由大方、乌西、直捣卧这……

① 《明史》附录三《明史考证捃逸》。
② 《明史》卷三一六，《贵州土司列传》。
③ 《清史稿》卷五一五，《土司传四·贵州传》。
④ 《清史稿》卷四七四，《吴三桂传》。

分路进剿，自二月至五月，斩获无算”[①]。康熙四年二月己巳，“平西王吴三桂疏报，总兵官李世耀等，于三年十一月，自乌蒙进征水西，安坤悉众来拒，我兵大破之于波罗箐，追至法地屯，擒安坤，蛮方大定”[②]。这些记载十分明确，安坤反清的时间是在康熙三年。当然，《圣祖实录》不仅记录了安坤与清军斗争的时间，也反映了反清的原因：清军进征，安坤来拒。结果安坤被擒，反清失败。因此，尽管《黔南苗蛮图说》记载了这次安坤反清起事的事实，但其所记载的起事时间却是错误的，应该更正为“康熙三年安坤反”。

安坤为“水西猓猡”（彝族）后代，曾因在清初引导清兵进入贵州、云南而被授予水西宣慰司，控制着当地的各民族，后因不满清朝的统治，遂于康熙三年二月起兵反清，一年后即告失败，《清史稿》云：康熙四年二月“己巳，吴三桂疏报剿平水西乌撒土司，擒其酋安坤、安重圣”[③]。安坤反清起事之所以失败得较为迅速，与当时总管云南、贵州两省的吴三桂发云、贵两路大兵强力围攻有直接关系。另外，安坤未能像明末安邦彦那样，联合更多、更广的民族共同起事，互相配合作战，反而被吴三桂斩断了四方支援的力量，形成了孤军作战。当时，安坤起兵后，“吴三桂征水西土司安坤”，（彭）而述谋曰：“乌蒙、乌撒、镇雄、东川四府与水西为唇齿，土司陇安藩又与安氏婚媾。今四府虽名内附，狼子野心，势必顾惜其种类。以水西之强，而安藩与四府附之，安坤未易制也。莫如先定四府，龇安藩，然后西南可无患”，“三桂用其策，诛安坤”[④]。这也是清朝在贵州设立新疆府、目，以控制“水西猓猡”（彝族）的主要原因。关于安坤起事被平定之后，清朝在贵州新设立了府的问题，《黔南苗蛮图说》与正史的记载略有出入，这里稍加辨明。

前引《黔南苗蛮图说》载，安坤起事被平定后，“设新疆三府（大定、

---

① 《清实录》卷一一，《圣祖实录》康熙三年正月至四月。
② 《清实录》卷一四，《圣祖实录》康熙四年正月至三月。
③ 《清史稿》卷六《圣祖本纪》一。
④ 《清史稿》卷二四七，《彭而述传》。

黔西、平远）四十八目，至今尚存”。而在《清史稿•吴三桂传》中却记载：康熙“三年，遣之复及总兵李世耀率兵出大方、乌蒙，攻水西土司安坤、乌撒土司安重圣，并击斩之，以其地设府：陇纳曰平远，大方曰大定，水西曰黔西，乌撒曰威宁”[①]。《清史稿•土司传贵州传》也记载：“水西宣慰司：康熙三年，吴三桂灭安坤，改设四府。”[②]很显然，《黔南苗蛮图说》所说的“新疆三府”未包括威宁府。原因是威宁府由原来的乌撒府改名而来，但是，根据《清实录》的记载，将乌撒府改名为威宁府的时间，并不是康熙三年，而是康熙五年[③]。康熙五年七月丁未，“平西王吴三桂疏报，都统吴应期、总兵马宁等进剿乌撒女酋陇氏，阵斩助逆之郎岱土酋陇安藩及水西土目阿豆等”[④]。也就是说，一直到了康熙五年七月，平息乌撒的战役还未完全结束，两个月后的康熙五年九月辛卯才正式“改乌撒土府为威宁府，隶贵州省统辖”。因此，《清史稿》所载康熙三年就改乌撒为威宁府是错误的。

乌撒府与其他三府皆为安坤起事时的援军之地，安坤被灭后，所设三府分别命名为大定、黔西、平远，又将乌撒更名为威宁，从新府的名称来看，明显带有纪念平定安坤起事的意义。另外，当时新设立的大定、黔西、平远三府加上改名的威宁共为四府，而非三府。《黔南苗蛮图说》没有全面记载。

（二）嘉庆五年“青苗之乱”

《黔南苗蛮图说》第三种《青苗》条按语载：“青苗自元明以来，虽不大为乱，不过羁縻而已。然仇杀劫掠之风，在所不免。嘉庆五年，广顺青苗作乱，巡抚觉罗琅公玕遣抚标参将双某守广顺，参将李某剿之。李某至海村，焚摆雅、虫蚁、滚塘、荫箐四寨，余党皆降。贼既平，设长寨右军守备，驻广顺城，以资弹压。”

---

① 《清史稿》卷四七四，《吴三桂传》。
② 《清史稿》卷五一五，《土司传贵州传》。
③ 《清实录》卷一九，《圣祖实录》康熙五年九月辛卯“该乌撒土府为威宁府，隶贵州省统辖”。
④ 《清实录》卷一九，《圣祖实录》康熙五年七月丁未。

研究清代贵州少数民族起事的成果并不算少，但是，对于每次少数民族的斗争究竟是以哪个民族为主，谁是斗争的领导者，大多数研究者都是笼而统之地论述，并没有将其具体化，因此，研究成果的针对性不强，这样的研究对于弄清清代贵州民族关系还有欠缺。之所以产生这样的结果，与缺乏“苗蛮”斗争的分民族历史记载有直接关系，《苗蛮图》正是在这些方面弥补了缺憾。例如上面记载的“青苗”斗争，在《清史稿》上只粗略地记载到：嘉庆五年“琅玕奏青苗杨文泰作乱，剿平之”[①]。《黔南苗蛮图说》的记载则真实地反映了关于这次“青苗”起事的某些细节：一是明确记载了这次起事的主体民族为“青苗”；二是起事的地点在广顺；三是贵州巡抚觉罗琅玕派兵镇压，领军将领有双某和李某；四是李将军用火焚毁“青苗”人的村寨，迫使起事的“青苗”投降了清军，起事失败。嘉庆五年平定了杨文泰“青苗”起事后，清政府像以往一样，要在发生起事的地区设立驻军或新的行政机构，这次在广顺设立的是长寨右军，驻广顺州城（今贵州长顺北），因为清政府在该地区设有长寨厅，故其驻军称为长寨右军。

（三）康熙至嘉庆元年间的“红苗起事”

从《黔南苗蛮图说》对贵州“苗蛮”起事的记载来看，“红苗”起事在各种“苗蛮”起事中规模较大，持续时间较长。

“（红苗）叛服不常，由来久矣。康熙四十二年、雍正八年、乾隆初年屡讨之，（乾隆）十七年则白玉保、二十四年则白老求、四十七年则勾布凉水苗匪等踵起为逆，频繁师旅。六十年，逆苗石柳邓，结楚苗为乱。嘉庆元年乃讨平之。二年，于坡东、坡西地方增设苗守备、苗千总、把总、外委，共一百七十九名，土百户二十八名，土寨长四十四名，互相控制。六年三月，逆苗白老寅等叛于石岘，巡抚伊赴铜剿办，布政使常黎平府程督兵破之。余党就抚于石岘。设屯军百户卫千总一员，拨驻营千总一员，兵一百名。”[②]

以往论述贵州苗民起事者，并没有区分起事者属于那种苗族，甚至将许

① 《清史稿》卷一六，《仁宗本纪》。

② 《黔南苗蛮图说》第四种《红苗》。

多别的民族的起事也以苗族起事论处。实际上，在贵州这样少数民族混居的地区，每一次苗族起事都会有苗族以外的民族参加，但是每一次民族起事，又应该有其起事的主体民族。因此，研究记载苗民起事的文献时，首先应当区分是哪一种苗民发动的起事。之所以在研究贵州民族起事时，会出现对起事的主体民族不加详细区分的情况，与清代对贵州民族的识别不够清楚、对民族“叛乱”的记载较为含糊有直接关系。

康熙至嘉庆年间的贵州少数民族起事，实际上是“红苗”首先起事，然后才有更大规模的斗争，才有更多的民族参加进来。这种区分苗族群体而记载其起事的文献，《苗蛮图》较为典型。按照《黔南苗蛮图说》的记载，在康熙至嘉庆年间，“红苗”掀起的起事斗争经常发生，仅清朝大规模发兵征讨的就有康熙四十二年、雍正八年、乾隆初年、十七年、二十年、嘉庆元年等六次之多。

据《东华录》记载，康熙四十二年九月，湖广提督俞益谟、偏沅巡抚赵申乔“奏报红苗抢掠，地方不靖，上谕大学士等：红苗事当筹一劳永逸之计，遣大臣一员前往荆州兵，再酌派广西、湖南、贵州三省兵，齐至苗地，并力围困，令其畏惧就抚”，“尚书席而达原任川陕总督管辖兵丁。红苗之事，著席而达同副都统图思海、徐九前往”[①]。

这次“红苗”起事，并不是首先爆发在贵州，而是发生在靠近贵州的湖南西部的沅州府的镇筸镇，即沅州镇（今湖南芷江）。《清史稿》载：“康熙三十八年，以镇筸居苗疆冲要，改沅州镇为镇筸镇，设总兵以下各官，增额兵千人，合原有之兵凡二千一百人，以防红苗。”[②]从康熙四十二年十一月到四十三年，清朝动用了数省满汉官兵，对起事的“红苗”进行围攻，经过大小十余次战役，屠杀苗民近万人，才最终平定了起事。由于这次“红苗”起事的地点紧靠贵州铜仁苗族居住的地区，部分贵州苗族也参加了斗争。因此，这次起事被平定后，清朝在黔东北的正大营设立了“理苗同知”[③]。

---

① 《十朝东华录》，康熙四十二年。

② 《清史稿》卷一三七，《兵志》八，《边防》。

③ 《清史稿》卷七五，《地理志》二二《贵州·铜仁》载：“康熙四十三年，平红苗，设正大营，以同知驻其地。”

到了雍正年间，清政府为了贯彻“改土归流”的方针，对反抗的贵州各少数民族实行了大规模军事镇压。据正史记载，雍正二年（1724）“定番、广顺仲苗作乱……有阿近者，勾结群苗……自称苗王，与其弟阿卧倚险作乱”，贵州巡抚毛文铨会云贵总督高其倬和提督赵坤等“讨平之”①。实际上，这次起事的发动者“仲苗”，即《苗蛮图》中的“仲家”布依族，并非苗族。但是，在起事过程中，很多贵州的少数民族都参加了起事，“红苗”也自然身在其中。根据《黔南苗蛮图说》记载，“红苗”主要居住在贵州铜仁、松桃一带，雍正八年，清朝开始了“开辟”贵州“生苗”地区，强行推行其封建统治的行动，引起了“红苗”等各民族的反抗，在贵州铜仁、松桃等地区先后发生了以“红苗”为主的武装起事。清朝用兵“进剿”，于“雍正八年，平松桃红苗，移同知驻，以正大营地割隶铜仁县”②。为了进一步控制“红苗”，清政府将康熙年间设立的“理苗同知”的住所迁移到了松桃（今贵州松桃苗族自治县），并将正大营所辖之地划归了铜仁县管辖。

清代贵州“红苗”起事规模最大的一次发生在乾隆年间，《黔南苗蛮图说》“红苗条”中提到的石柳邓起事影响最大。这次起事仍然是首先爆发于“红苗”集中的贵州松桃地区，与松桃同时起事的还有湖南西部凤凰厅所属的苗民等。起事的原因仍然与“改土归流”有关，清政府在贵州等地实施“改土归流”后，大量汉民（客民）拥入贵州松桃等苗民聚居地区，一些汉族绅商在官府庇护之下，兼并土地，欺压苗民。“有客民等平日任意欺凌，或将盐巴、布匹给予苗民，暗行盘剥，领将地亩准折，肆行侵占耕种。”③汉、苗之间经常产生矛盾。“地方官吏暨该处土著及客民等，见其柔弱，恣意鱼肉，以致苗民不堪其虐。”④乾隆六十年（1795）正月，石柳邓发动了旨在“逐客民，复故地”的起事。义众以石柳邓为统兵元帅，石三保为苗王，领众二三万人，分兵作战。一月之内，黔东、湘西的苗族事军便攻占了

① 《清史稿》卷二九二，《高其倬传》。

② 《清史稿》卷七五，《地理志》二二，《贵州·铜仁府条》。

③ 《军机处录副奏折》。

④ 《钦定平苗纪略》。

松桃、铜仁、凤凰、保靖、永顺、麻阳等近十处县城。乾隆皇帝马上下令云贵总督福安康、四川总督和琳、湖广总督福宁统帅贵州、云南、四川、湖南、湖北、广东、广西等七省清兵三万人合攻苗族起事军。同年八月，苗族起事军又推吴八月为"吴王"，以石柳邓为"开国将军"，石三保为"护国将军"，建立起更强大的统一指挥机构领导起事，对付清军，起事军一度取得了辉煌的胜利。乾隆死后，嘉庆即位，清廷又调集两万官军增往黔、湘，镇压苗民起事。清军一方面增兵镇压，一方面召集苗族头目，以"民地归民、苗地归苗"为诱饵，宣称对放下武器者不予追究，瓦解了苗民起事的队伍。使这次历时两年的苗民大起事在嘉庆二年（1797）归于失败。

这次石柳邓领导的苗民起事，虽然是由"红苗"领导人石柳邓等人发动和组织指挥的，但也是像其他次贵州少数民族反清起事一样，参加起事的并非只有"红苗"，"红苗"以外的苗族和苗族以外的其他少数民族也同样加入到了起事的队伍当中，甚至一些汉人也在这次苗民起事时"投苗助逆……胆敢随同攻城"，被官府称之为"汉奸"，但他们与苗族兄弟并肩作战，共同反对清王朝的统治。然而，在以前的所有研究中，很少有学者明确指出这是由"红苗"发动的起事，而往往只粗略地泛称苗族起事①。实际上，清政府对于贵州不同地区、不同种类的"苗蛮"的认识与态度，是有明显区别的，对于"红苗"，清政府一直认为是叛服无常、桀骜难驯的"苗蛮"，而特别加以防范。如果"红苗"归化顺利，清廷则十分欣喜。康熙年间成书的《红苗归化诗》序中云："皇帝御极五十余载，化成德洽，九州八荒之地，莫不顺则，苗民处黔、楚之间，旧隶长司者賨献弥谨。唯红苗滋种山谷，历代所不能绥，凭深阻险，旷绝礼教。"②康熙特意下令对"红苗"进行抚绥，嘉奖顺从的"红苗"。"红苗"归化后，清廷又组织翰林院臣六十九人分别赋诗恭纪，说明"红苗"在贵州诸苗中的地位与作用有别于其他苗人。因此，对于历次贵州苗族起事的研究，应当分清楚每一次起事是由哪种苗民

① 如伍新福《中国苗族通史》、李廷贵《苗族历史与文化》、侯绍庄《贵州古代民族关系史》等著作的相关部分，都没有提及石柳邓属于哪种苗系。

② ［清］王掞：《红苗归化恭纪诗》序，康熙五十二年拳石堂刻本。

发动和领导的、起事的主体民族是哪种苗。

需要说明的是，《黔南苗蛮图说》云“六十年，逆苗石柳邓，结楚苗为乱。嘉庆元年乃讨平之”。在这里，桂馥的根据是以起事的领导人石柳邓被杀、吴廷义被擒为时间界限的。据《清实录》记载：“嘉庆元年（丙辰）十二月二十六日，明亮等奏报，生擒首逆吴廷义，苗疆悉平。”[①]实际上，起事领袖石柳邓于嘉庆元年十二月牺牲后，石有保等领导人仍在坚持战斗，直到嘉庆二年二月才被俘遇害。同年三月，清军班师，至此，大规模的黔、湘苗疆起事才算基本平息，但小规模的苗民斗争一直持续到了嘉庆十年[②]。

关于嘉庆二年平定“红苗”起事之后清政府对贵州民族地区统治机构的调整，《黔南苗蛮图说》记载得比较简单，只说是“于坡东、坡西地方增设苗守备、苗千总、把总、外委，共一百七十九名，土百户二十八名，土寨长四十四名，互相控制”。根据《清实录》记载，这些属于苗族居住地区基层组织的设置，是清政府“定苗疆善后事宜”的诸多措施之一。这179名苗守备、苗千总、把总、外委等“苗官”，相当一部分是被设置在湖南西部的永绥厅、乾州厅、凤凰厅、古丈坪厅以及保靖县等地的，另一部分设置在贵州省的松桃厅。松桃厅所设“苗官”有苗守备7名，苗千总24名，苗把总50名，苗外委98名。设置时间为嘉庆二年四月[③]。

嘉庆六年三月，再次爆发了由白老寅领导的“红苗”起事。关于这次起事，史书较少记载，研究者也很少提及。这次起事的地点为松桃厅所属的石岘，位于贵州铜仁府与松桃厅交界处。如前所述，这里正是“红苗”聚居之地，因此起事的主体以及起事的领导人白老寅应是“红苗”。根据桂馥的记载，嘉庆六年三月白老寅起事发生后，“巡抚伊赴铜剿办，布政使常、黎平府程督兵破之”。这里的“巡抚伊”指的是当时的贵州巡抚伊桑阿，“布政

① 《清实录·仁宗实录》卷一二。

② 《湖南通志》卷八五，参见伍新福：《中国苗族通史》上册，第四章《改土归流和苗族社会的发展》。

③ 《清实录·仁宗实录》卷一六，参见伍新福：《中国苗族通史》上册，第四章《改土归流和苗族社会的发展》。

使常”指的是贵州布政按察使常明。《清史稿》云：嘉庆“六年，贵州石岘苗叛，巡抚伊桑阿赴铜仁勦治”，“伊桑阿因按察使常明攻克石岘有所擒获，遂谎奏亲往督战，苗皆归伏，军事已竣”①。

嘉庆六年的石岘“红苗”起事仍然是与湖南苗民联合斗争，但持续时间不长便被清军击破，“六年，石岘苗与湖南苗勾结为乱，巡抚伊桑阿檄常明率师攻克之”②。清政府在平定石岘“红苗”起事后，同样加强了对该地区的统治，“设屯军百户卫千总一员，拨驻营千总一员，兵一百名”③。

（四）“谷蔺苗”的三次“叛服”

“谷蔺苗”又称“鸭寨苗”，因居住在贵州定番（今贵州惠水）谷蔺场之鸭寨而得名。《黔南苗蛮图说》的作者桂馥，曾经亲自招抚胁从“反叛”之“谷蔺苗”民，并缉拿起事头目，对“谷蔺苗”“叛服”的记述较为详细。他写到：“谷蔺苗自明季至今，叛服无常。光绪四年六月有苗巫吴情高者……煽惑聚众千余人。出洞烧杀，掳抢附近汉民，中丞黎公闻之，命记名总兵何雄辉带兵迅往一战。而首逆等被擒，其余胁从者畏罪藏匿各洞。乃檄余往署州事，并招抚胁从。缉拿漏逆。余星驰赴任，旬日之间，招抚者十余洞。命各归旧寨，妥为安置。十月，有漏网逆首吴力保复聚众潜匿弄平洞，欲图报复。余会同何军团众，破洞擒获，将解省城，团众因前遭逆等害，恨之切骨，人人欲得而甘心立请就地正法示众。余与何镇为众所胁，商同允许，以顺民心。是役也，救出被胁苗民三百余人，获贼粮一百数十石。时有老苗陈三者，年八十余，余问逆等起衅之由，据陈三言，虽因惑众妖术，盖亦有数存乎其中。谷蔺苗六十年必一蠢动（查《黔志》等书，确有实据）。雍正年间，哈将军（元生）讨平后，军中有善风水者，言欲此苗久安长治，须封禁弄平等洞，凿平某处山头。后将军被议去，只将弄平洞封禁，勒碑纪其事。同治八年，逆苗陈乔生之乱，复开此洞，而碑亦毁。余曰：‘风水家

---

① 《清史稿》卷三五八，《觉罗琅玕传》。

② 《清史稿》卷三五八，《常明传》。

③ 《黔南苗蛮图说》第四种《红苗》。

之说固然，然苗民之凶顽，由不读书故也。’余乃清理逆产，并所获贼粮，于谷蔺等寨各设义学，则儒教兴，而捍俗自化矣。又剀切劝谕苗民，改汉妆，习汉礼，并请封禁弄平等洞，当是时，苗民莫不感激乐从，争自濯磨，以待上之教化，未几，余亦遭谗去任，又不果行。苗民叹曰：‘是天不欲我等改汉耶。’余起程日，相与泣送数十里。噫，理真不胜数矣！附此以告后之牧是邦者，勿谓苗民愚顽，不可理谕也。”[①]

在桂馥的记载中，提到了清代“谷蔺苗”起事共有三次：分别在雍正年间、同治八年、光绪四年。桂馥亲自参加了最后一次对“谷蔺苗”的平叛与招抚。

关于雍正年间的“谷蔺苗”起事，桂馥只记载了平定此次苗民起事的是哈元生将军，至于起事发生在何年，桂馥没有交待，查《清史稿》可知，哈元生曾经多次赴贵州讨伐苗民起事。雍正十一年（1733）六月“戊寅，哈元生奏讨平九股逆苗”[②]。十三年五月“丁巳，以贵州古州、台拱逆苗滋事，命哈元生为扬威将军，统领四省官兵讨之……丁卯，哈元生奏剿办逆苗，黄平、施秉悉平”[③]。当年八月，雍正死后，仍“饬扬威将军哈元生等剿抚苗疆”[④]，“以张广泗为征苗经略，扬威将军哈元生、副将军董芳以下俱听节制”。同年十一月，“夺哈元生扬威将军，命经略张广泗兼贵州巡抚”。次年（乾隆元年，1736）四月“辛巳，贵州提督哈元生褫职逮问”[⑤]，九月以“贻误苗疆罪”被免官。

从时间上看，哈元生剿抚贵州苗民是在雍正十一年到十三年间，从其剿抚的地点上看，是在贵州的古州、台拱、黄平、施秉一带，即贵州东南部的黎平、镇远二府与越州东部。并非是“谷蔺苗”所在的贵州南部的定番州。从《清史稿》所记哈元生剿抚的对象看，有明确记载的是“九股苗”。至于古州、台拱一带的苗人，从《黔南苗蛮图说》的记载来看，有“黑山苗”、

---

① 《黔南苗蛮图说》第十种《谷蔺苗》。
② 《清史稿》卷九，《世宗本纪》。
③ 《清史稿》卷九，《世宗本纪》。
④ 《清史稿》卷十，《高宗本纪》一。
⑤ 《清史稿》卷十，《高宗本纪》一。

“八寨苗”、“洞苗”、“水西苗”。黄平、施秉一带居住的是“九股苗”和属于“红苗”类的“生苗”，没有所谓的“谷蔺苗”。“谷蔺苗”的居住地点很明确，“惟定番州有”[①]。那么，为什么桂馥书中明确记载哈元生将军曾经讨平“六十年必一蠢动”的“谷蔺苗”呢？我认为，被哈元生将军在雍正年间平定的苗民起事，并不是以“谷蔺苗”为主体的起事，很可能是“谷蔺苗”在“九股苗”、“生苗”等起事后，也参加了他们的斗争，共同反对清王朝的统治，但起事的中心是在古州、台拱、黄平、施秉一带，而并非是“谷蔺苗”所在的定番州，但定番的“谷蔺苗”确实参与了这次斗争。实际上，清代贵州发生的每一次少数民族起事，往往都是各民族联合斗争，“谷蔺苗”参加其他支系的苗族起事，是十分正常的事情。遗憾的是，对于定番“谷蔺苗”在雍正时期的斗争，《清史稿》等文献均无明确记述，可以说是《黔南苗蛮图说》弥补了这一空白。

同治八年（1869）再次爆发了陈乔生领导的“谷蔺苗”起事，这次起事距雍正十三年（1735）已经过去了130余年，在这期间，也曾发生过多次“苗蛮”的起事和斗争，但这期间有关“谷蔺苗”起事的记载还未发现，又是《黔南苗蛮图说》保存了这一珍贵史料。当然，两次起事之间相隔时间超过百年，并非如苗族老人陈三所言“谷蔺苗六十年必一蠢动”。同治八年的“谷蔺苗”陈乔生起事，实际上是自咸丰初年以来贵州苗族大起事的一个组成部分。咸丰五年（1855）三月，贵州台拱（今贵州台江）地区遭遇了严重的自然灾害，官府不但不加救济，反而逼民交税，引起广大苗民不满，于是，苗民领袖张秀眉号称九王爷、九元帅，发动了起事，决心“打倒官家”、“夺回土地”，“千里苗疆，莫不响应”[②]。苗民柳天成在黔南都匀起事，潘名杰在黔中贵定起事，岩大五在黔东南清平县起事，陶新春在黔西北的威宁起事。不仅贵州各地少数民族纷纷加入到起事队伍当中，一些彝族、回族和汉族也与苗族并肩战斗。起事几乎遍及了整个贵州省，甚至

---

① 《黔南苗蛮图说》第十种《谷蔺苗》。
② ［清］徐家干：《苗疆闻见录》。

影响到了云南等地。在这样的背景之下，贵阳南部定番地区的“谷蔺苗”，势必也成为了苗族起事大军中的一部分。陈乔生正是这支“谷蔺苗”起事军的领袖。他发动当地弄平洞聚集的群众，与清军展开斗争。由于同治三年（1864）全国规模的太平天国起义被镇压，清政府很快调集云、贵、川、湘等多省军队入黔，剿灭贵州苗族起事。到了同治八年，“谷蔺苗”陈乔生领导的斗争已经处于大规模苗民起事的尾声。同治九年，清军全力围剿黔南地区，“谷蔺苗”众的斗争应在这一年或次年基本结束。同治十一年四月，持续了18年、遍及全贵州的苗族大起事彻底失败。但是，起事给予了清朝统治者以沉重的打击，居住在定番的“谷蔺苗”也在其中做出了应有的贡献。“谷蔺苗”领袖陈乔生的英名也与陈秀眉等人一样，永垂史册。《清史稿》在记述平定贵州苗族起事功臣黎培敬时说：黎培敬“东定都匀，北靖开、修，南平陈乔生，西除林自清，莅黔数载，境内悉平”①，说明陈乔生领导的“谷蔺苗”起事军曾经是一支令清军不可轻视的起事队伍。

光绪四年（1878），“谷蔺苗”再次聚众起事，由吴情高利用民间宗教进行发动，清政府害怕起事蔓延，引发像咸丰、同治年间的大规模苗民起事，于是在吴情高刚刚起事，便立即派何雄辉带兵镇压，致使这次起事的“谷蔺苗”众很快被降伏。对此次“谷蔺苗”起事，《清实录》记载道：“光绪四年（戊寅）八月初五日，谕军机大臣等：‘黎培敬奏……定番州属降苗，纠众肆扰，经提督何雄辉带兵进剿，当将首逆擒获，余匪弃械乞降。仍著饬该提督等，将安插降苗及善后各事宜实心经理。”②《清实录》所载事实与《黔南苗蛮图说》十分吻合。但由于桂馥曾经亲自前往定番剿抚“谷蔺苗”众，因此他的著作《黔南苗蛮图说》对此次起事的起因、经过和剿抚结果记载之详细、具体，为各种清代文献所罕见。

（五）清初贵州“黑苗”起事

如前所述，“黑苗”为五大苗族支系之一，按照桂馥的划分，“八寨

① 《清史稿》卷四四八，《黎培敬传》。
② 《清实录》卷七七，《德宗实录》。

苗”、“九股苗”、“黑生苗”、“黑山苗”、“水西苗”、“黑楼苗”、“黑脚苗”等都属于“黑苗”之列。而“黑苗”在清代又都被划在“化外生苗”的范畴之中。这些“黑苗”在清代的斗争亦较为频繁，从《黔南苗蛮图说》的记载看，从清前期的顺治十六年至乾隆初年，“黑生苗”、“黑山苗”、“黑脚苗”、“九名九姓苗”、“八寨苗”、“黑楼苗”等都先后或同时进行过各种不同规模的起事斗争。

顺治十六年至康熙初年，首先爆发了“黑生苗”起事，这次起事实际上是明朝末年“黑生苗”起事的继续。“黑生苗”居住在贵州清江厅（今贵州剑河）所属地区，清江流域为“黑苗”聚集地区，“以上下九股为门户，丹江、八寨为藩篱，与施秉旧县接壤,万历时，结连播州杨应龙为乱，大肆焚掠。顺治十六年杀施秉县知县赵玉奇，镇远、黄平居民悉遭蹂躏，迁施秉县于偏桥以避之。康熙间屡次用兵，后稍敛戢，而时剽掠行旅，以故清江上通重安以达都匀，下通黔阳以会朗水”[①]。从桂馥的记载来看，明末清初的清江“黑生苗”起事，于顺治十六年杀死了施秉县知县赵玉奇，很显然这是一次苗民反对清朝地方官吏统治的起事，杀死施秉知县是起事的高潮点之一。在此之后，起事便以施秉县为中心，扩展到了周围的镇远、黄平地区，很多居民为躲避战乱，不得不迁移到他处。顺治十六年以后，以施秉为中心的“黑生苗”起事并没有结束，经过“康熙年间的屡次用兵”之后，才稍微平静下来。但清江流域“黑生苗”“剽掠行旅”的活动却始终未断。这里的清江指的是清水江。清水江的上游可通重安江而直达都匀，下游可达湖南黔阳（今湖南黔阳西南）。由于清水江地理位置上通下达，回旋余地较大，因此“黑生苗”的起事难于彻底平息。

雍正年间“黑生苗”起事再兴，清政府调集大兵全力剿杀。对于雍正年间的清江“黑生苗”起事，清代的各种文献都没有明确指出这是一次由“黑生苗”发动的起事，更没有记载其起事的原因和经过，甚至在《清实录》中都没有详细反映这次清江“黑生苗”起事的情况。而名不见经传的文献《黔

① 《黔南苗蛮图说》第十六种《黑生苗》。

南苗蛮图说》却告诉了世人如下的细节：

“雍正七年（1729）春，总督鄂文端公驻贵阳，以八寨、丹江既平，檄镇远府知府方显，招抚九股，次及清江，又令副将张禹谟领官兵弹制之。于是显等亲历诸寨，宣布皇威，上下九股，先后就抚。及抵清江，有江外公鹅、柳利、鸡摆尾等十余寨素相连接，复有汉奸唆之曰：‘若归汉官，彼且重赋繁役以鱼肉，若不如固守官兵，即彼饥若饱，彼劳若逸，可以坐困。即相攻，并死力以御，亦可图存。’于是，攻劫官兵，势力猖獗。总督闻警，调各路兵，从巡抚张广泗进剿，兼示机宜，分兵三路，拔橛填陷，以捣贼巢。纵火焚其居，贼大溃，四山号泣，愿擒凶首，献汉奸就抚。由是清江悉平。以公鹅寨据清江形胜，就其地建城设官，隶镇远府。”①

从桂馥的记述可知，雍正七年的“黑生苗”起事，是在清朝平定八寨、丹江等地的苗民起事后，清朝委派官吏到清江“九股苗”、“黑生苗”中宣布皇威，令其就抚的高压态势之下，由汉人挑唆，兴兵对抗而引起的。由于清江地理位置不同于八寨、丹江，加之清江“黑生苗”起事后斗争勇猛，直接攻劫清兵，因此，贵州巡抚张广泗率领的官兵对清江“黑生苗”的镇压也十分残酷。下令纵火焚烧了“黑生苗”的民居，使“黑生苗”四散于山野之间，无处藏身，最后只好献出首领及挑拨起事的“汉奸”以降官，接受清朝的统治。

好景不长，雍正七年的“黑生苗”起事被平定后六年，到雍正十三年，“黑生苗”与其他地区各支系苗民一起，再次掀起了更大规模的反清起事，清政府指派扬威将军哈元生统云、贵、川、湘四省官军进行剿抚，直到乾隆元年（1736）这次苗民起事才算平定下来。而“黑生苗”在这次起事之后，“悍犷之习渐革矣”②。

需要说明的是，在《黔南苗蛮图说》中，列有“清江黑苗”专条，并说“清江黑苗有生有熟，惟黑生苗最凶顽”③。雍正年间起事的“黑生苗”指的就是清江“黑苗”中的“生苗”。

---

① 《黔南苗蛮图说》第十六种《黑生苗》。

② 《黔南苗蛮图说》第十六种《黑生苗》。

③ 《黔南苗蛮图说》第二十种《清江黑苗》。

参与雍正年间"黑苗"起事的还有"黑山苗"、"水西苗"、"黑脚苗"、"黑楼苗"等。"黑山苗"居地古州（今贵州黔东南苗族、侗族自治州榕江县一带），亦属清代"化外生苗"。雍正七年开辟"苗疆"，平定了八寨、丹江、清江之后，鄂文端与贵州巡抚张广泗由清江进取古州。当年七月，"广泗兵至岑陇坂，取道黎平，以进古州群苗结岑梗、梅得二寨及附近山苗万余人，拒官兵。广泗令黎平副将赵文英等攻破二寨，令黎平知府张钺等率土汉兵护刍粮进屯。岑陇、古州分上中下三保。诸葛营在其中。广泗入据之，诸苗见，皆惊曰：'诸葛营老子复至矣'，相率罗拜，献酒食降。广泗回省监临，令文英等驻诸葛营，文端公闻报，谓诸苗未经惩创，终为后患，回云南复书曰：'愚非好杀，但恐今日不杀，少后日将杀多，如果恭顺，何须加兵？其余不恭顺者，则无姑息也。'八年，苗果复叛，寻讨平之。乃建古州城于诸葛营"[①]。这是"黑山苗"在雍正七年与八年据寨拥兵反清的全过程。总体看来规模不大，持续时间短暂，旋起旋败，清军很快收复了古州"黑山苗"，建立了古州厅城以加强对"黑山苗"的统治。

关于雍正年间"黑山苗"反清的斗争，桂馥只记载了雍正七年与八年的情况，该记载的确弥补了其他清代文献之不足，但是，并非是清朝建立了古州城之后，"黑山苗"就甘于被清朝地方官所统治了，到了雍正十三年二月，他们与贵州台拱（今台江）等地的苗民起事相呼应，古州地区的"黑山苗"再次爆发了更大规模的起事。这次有古州"黑山苗"参加的起事，是由包利、红银两位苗族领袖领导的。雍正十三年贵州古州总兵官韩勖奏报："上年七月，苗人老包等捏造出有苗王之语，当被拿获交审，嗣经释放。今年二月，内古州属之八妹、高表等寨，听信妖言，纠集苗众，滋事妄行。臣差拨兵役踩探确实，即派遣官兵弹压。二十五日，各寨顽苗，同声响应，围攻汛城，将沿途安设之塘房毁坏，而藏弩等寨遂与八妹同谋纠结，远近附和。"[②]雍正皇帝于当年八月死后，遗诏以张广泗"总理苗疆事务"。新即

① 《黔南苗蛮图说》第十六种《黑生苗》。

② 《清实录》卷一五三，《世宗实录》。

位的乾隆皇帝命张广泗全力平定黔东南苗族起事。年底，张广泗奏称：“此番生熟苗互相勾结，侵犯内地，共分为三四股。如攻陷凯里司、清平县及所属汉民村寨，系上九股、鸡讲、丹江各新疆逆苗，勾结清平县旧管五十二寨熟苗之罪；如攻陷黄平州、余庆县、岩门司、新城司并围攻施秉县及所属各村寨，则系下九股并高坡各新疆逆苗，勾结大小两江熟苗及黄平、施秉旧管熟苗之罪；如攻陷邛水司、清溪县并思州府、镇远府所属之汉民村寨，则系清水江新疆逆苗勾结镇远府旧管熟苗之罪。丹江、鸡讲、上下九股、清水江、高坡等处逆寨，实为三方首恶，而各逆寨又地界相连，声息相通，苗众繁多，以十数万计。每进攻一处，则二处皆来帮助。”①在张广泗看来，古州“黑山苗”虽然不是三股首恶之一，但也是这次苗民大起事的重要力量。然而，对于规模远远超过雍正七年与八年的雍正十三年古州“黑山苗”起事，《黔南苗蛮图说》却没有在“黑山苗”条有所反映，可以说这是《黔南苗蛮图说》的重大失误。

参与雍正年间苗民起事的“古州不法逆苗”，除了“黑山苗”以外，还应当包括“水西苗”。根据桂馥记载，“水西苗与黑山苗旧为化外生苗。雍正七年十二月，古州来牛、定旦二寨以诸苗叛。二寨地广人众，在诸苗中尤为凶悍”。贵州总督鄂文端剿抚并用，调广西官兵从都江进入古州，与古州清军将领赵文英会合，夹击古州“水西苗”聚集的来牛等寨。次年，集中兵力进取定旦“水西苗”，苗民力不能胜，逃入林谷，沿江40余寨“水西苗”全部投降清军。

再说“黑脚苗”，这支苗在古州东南不远的黎平，“康熙元年（1662）八月，归弓寨黑脚苗乱，提督李本深讨平之。五年，湖广通道县苗吴老潘僭称王号，黑脚苗等叛应之，寻讨平。八年正月，田心等寨复乱，三十年十二月高洞黑脚苗金倒、大仓、晚挂、补哄等劫杀行旅，知府张潋遣吏目刘渤往缉之。副将侯奇遣兵同往。苗以为剿已也，遂杀渤及官兵二十余人，合数十寨俱反。三十一年二月，巡抚卫公既齐讨平之。晚挂等伏诛……雍正七年，经巡抚张广泗大创后，开辟古州，增设古州同知。乾隆三十六年，又增设下

① 《档案史料》上册，转引自伍新福《中国苗族通史》第四章。

江通判，御苗之法，至周且密，而苗始知畏法”①。据此可知，“黑脚苗”的斗争主要发生在康熙年间，雍正以后，“黑脚苗”已经基本上接受了清朝地方政府的统治。

综合起来看，苗民的起事总是互相支持的，往往是一种苗民首先起事，然后有多种苗民马上呼应。很多时候，一些苗族以外的其他少数民族甚至汉族也会参加到起事的行列中来。说明清代贵州的社会矛盾不仅仅是清政府与苗族或某个少数民族之间的矛盾，也不仅仅是汉族与少数民族之间的矛盾，而是带有普遍性的矛盾，是贵州各族人民与清政府封建统治者之间的矛盾。这种情况正好可以诠释马克思主义经典作家的所谓“民族斗争说到底是阶级斗争”的理论。但是，通过清代贵州苗族起事斗争的具体情况来看，有些时候又的确是由于“改土归流”后，汉、满官员以及大量贵州原住少数民族以外的汉民涌入贵州，与当地少数民族争夺土地、山川、畜产、劳动力等资源而引起的少数民族杀害汉、满官吏和汉民的民族斗争，因此，绝不能简单地将民族之间的一切斗争，都一言以蔽之地说成是阶级斗争。

（六）贵州的布依族起事

布依族就是《黔南苗蛮图说》中各种“狆家”，有时也被称为“仲苗”。他们像苗族一样，在清代发动了多次起事和斗争。据《黔南苗蛮图说》载：

“嘉庆二年（1797）正月，南笼、额老寨仲苗大黄公……附和妖苗王囊仙作乱……尽杀兵目、亭目，汉人田主、衙役等，以泄夙恨。大黄公于正月初五日夜半率众焚烧附近市场、汉寨，乘势攻府城。远近仲苗蜂起。册亨、贞丰、永宁、归化俱闭城告急。中丞冯公光熊自铜仁疾驰，五日夜至安顺。制帅勒公保、翼长常公明自川楚军营兼程驰至，带兵直捣巢穴。时程公卓梁以丹江通判从事军营。六月二十日，大军入南笼府城，八月十五日，剿平当丈、洞洒等处。捷闻，奉旨改南笼为兴义，永丰为贞丰。新设额老泛把总一员，兵六十名。”②

这是一段完整的记录，桂馥的根据是亲自参加此次平定“仲苗”叛乱的

① 《黔南苗蛮图说》第二十一种《黑脚苗》。

② 《黔南苗蛮图说》第四十二种《卡尤狆家》。另见程任斋《廉访黔阳从军纪略》。

程卓梁的《廉访黔阳从军纪略》。他认为，这次“仲苗”起事主要领导人是“妖苗王囊仙”，而在道光年间增广爱必达《黔南识略》一书的李复斋认为，发动嘉庆二年兴义“仲苗”起事是苗巫“七绺须者”[①]。从两书的作者和成书时间来看，前者程卓梁是当事人，他所说的“仲苗”起事领导者是“妖苗王囊仙”，后者道光年间的爱必达，他也较为熟知贵州“苗蛮”之事，在距嘉庆年间的“仲苗”起事事隔二三十年之后，记载兴义“仲苗”起事发动者是苗巫“七绺须者”。如果爱必达没有弄错的话，“妖苗王囊仙”和 “苗巫七绺须者”则应当是同一个人。从名称来分析，“妖苗王囊仙”，很可能蓄有“七绺长须”。因此，可以推断二者为同一个人。可以理解为“王囊仙”是具体的人名，而“七绺须者”则是该人形象的俗称。因此，在《清史稿》中统一称呼该人为“王囊仙”。《清史稿·仁宗本纪》载：“二年丁巳春正月丁卯，贵州南笼仲苗夷妖王囊仙作乱，命总督勒保剿之。”[②]《清史稿·勒保传》云：“贵州南笼仲苗王囊仙等叛，诏勒保督师讨之。”[③]

在这次起事的过程中，布依族与汉族的矛盾暴露得比较充分。起事前，南笼（兴义）地区的“仲苗”（布依族）表面上隶属于州府县治，实际上仍受其头目役使，经营农业，雇佣苗人佃耕。汉人则依靠州府县及大小市场，经营商业，也有的占据了原来“苗寨田业，辄称庄主。其役使佃苗亦若头目，然苗人若之”[④]。意思是汉族人占据了布依族的土地并役使了原来由布依族雇佣的苗人，与布依族争夺了土地和劳动力，由此布依族与汉族之间产生了矛盾。在嘉庆二年的布依族起事时，“尽杀兵目、亭目、汉人田主、衙役等，以泄夙恨”。又“焚烧附近市场、汉寨，乘势攻府城”。这次起事明显带有少数民族与汉族之间斗争的性质。

需要补充说明的是，由于嘉庆二年布依族的起事是与汉人跟“苗蛮”争

---

① 《黔南苗蛮图说》第四十二种《卡尤狆家》。

② 《清史稿》卷一六《仁宗本纪》。

③ 《清史稿》卷三四四《勒保传》。

④ 《黔南苗蛮图说》第四十二种《卡尤狆家》。

夺土地和劳动力有关，因此，在事平之后，清政府采取了与以往平定苗族起事后只是单纯地加强武力防备有所不同的措施。“仲苗平，偕勒保奏上善后四事，请随征武举、武生及乡勇，就近补充弁兵余丁，给难民栖止、牛具费用，储粮备兵民就食，清厘田亩，靖苗、汉之争。自军兴以来，凡所措置，多邀嘉许。勒保移师入川，善后专任光熊。三年春，复疏请申禁汉民典买苗田，及重债盘剥，驱役苗佃。禁客民差役居摄苗寨。酌裁把事土舍亭长，定夫徭工价，以利穷苗。”[①]为了缓解汉族与“仲苗”等少数民族的矛盾，清政府采取了禁止汉民兼并苗民土地等一系列经济措施。

关于清代贵州布依族的起事，在《黔南苗蛮图说》中的记载还有：“雍正二年，有阿近者，自称苗王，聚众为乱。总督高公其倬擒获斩之。四年，广顺长寨地方阿近余党阿捣复叛，总督鄂文端公讨平之，遂定兵制，设长寨营。并移贵阳府同知分住其地。”[②]这段记载如果不是桂馥将其写在“青狆苗”条的按语里，很难弄清这是一次布依族的起事，因为聚众为乱的阿近自称“苗王”，很容易使人认为这是一次苗族起事。实际上，这里的“苗王”指的是“仲苗王”，即布依族之王。

对于雍正二年“仲苗”起事的具体时间，《清史稿》记作雍正二年十一月“丁巳，高其倬奏官兵进剿仲苗，平之”[③]。《清实录》记载得更为详细：“雍正二年（甲辰）十一月十七日谕怡亲王等：‘贵州定广仲苗比他省苗蛮凶顽尤甚，朕向知之。前云贵总督高其倬折奏，请调官兵剿捕。朕曾降旨：仲苗向属凶顽，所居之地山深箐密，进剿官兵务期擒捕首恶，勿致疏忽。兹据高其倬等奏称：进剿恶苗，官兵用命，攀援而入，直抵贼巢，于十月初七、十四等日擒获渠魁阿近暨其弟阿卧及妻子、贼党。’”[④]实际上，在雍正二年十月就已经消灭了“仲苗”的主要力量，这次布依族的起事持续时间非常短暂，规模也并不大。

---

① 《清史稿》卷三五八，《冯光熊传》。
② 《黔南苗蛮图说》第四十三种《青狆家》。
③ 《清史稿》卷九，《世宗本纪》。
④ 《清实录》卷二六，《世宗实录》。

以上就《黔南苗蛮图说》所记几次清代贵州少数民族起事的情况进行了粗浅的梳理、考证，从总的情况来看，由于《黔南苗蛮图说》的作者桂馥曾经亲自参加过清后期剿抚贵州少数民族起事的活动，因此记载得较为具体翔实，在很大程度上弥补了《清史稿》等文献记载的不足。就清代贵州少数民族起事的特点而言，每次起事基本上是由某一个民族或某一个民族中的某一种类的群体首先发动，很快便会有很多本民族群体和其他民族参加进来。有时一些汉族群众也成了少数民族起事义队伍中的生力军，这说明清代贵州的社会矛盾和全国一样带有普遍性。从发生少数民族起事的原因和性质来看，既有各民族共同反对清王朝统治的斗争，也有少数民族与汉族之间发生矛盾，汉族与少数民族之间的斗争，这说明贵州的社会矛盾又带有当地的特点，经常表现出矛盾的特殊性。

三、桂馥《苗蛮久安长治论》评述

如前所述，《黔南苗蛮图说》的作者桂馥，事迹不见于《清史稿》和《清史列传》等文献，但从《黔南苗蛮图说》的序文和他在图说按语中的记述可知，桂馥是光绪年间亲自参与剿抚贵州“苗蛮”的官吏，他对于贵州“苗蛮”有着十分清楚的了解，对于如何防止“苗蛮”反叛，使之久安长治，有着系统的理论与方法，在他的《黔南苗蛮图说》著作中，特意撰写了《苗蛮久安长治论》一文，对于如何治理苗疆，有着深刻的历史与现实意义，为了便于分析起见，现将该文移录于下，然后试作评述。

苗蛮久安长治论

从古治乱之故，虽曰天命,岂非人事?蚩蚩小民，载舟覆舟。抚之得道，皆吾赤子，抚之失道，即为封豕、长蛇，况苗蛮顽愚凶悍，有明之世，屡奋螳臂，肆逞毒矣。

我朝用兵，底定剿抚之后，其所以经营善后者，庙谟筹之。尽善城要害，以制其死命，设官司以防其攘劫，犹复有近年之变。则欲其久安长治，殆戛其难。今大难虽平，而厝火积薪，在所当虑。从薪曲突，试为筹之，兵与之时，汉民之遭其荼毒者，不知凡几。

今复比户而居，嫌隙易起，可虑一；兵燹方息，生业未复，衣食不充饥寒，即劫夺之渐，可虑二；为可牧者、贤者，存五日京兆之心，不贤者，复逞其贪得无厌之求，抚字无方，诛求有术，欲其不叛，不可得也。可虑三；狼子野心，无威可畏，无德可服。而又挟三可虑之势。设有不逞汉奸，乘隙构衅，久安长治，安可得也？然则如之何，而后可也？曰：是在炽其情，顺其性，遂其生，杜其敝，严其防而已矣。苗蛮不一，大莫如猓猡，悍莫如狆家，恶莫如生苗。如定番之谷蔺，丹江、施秉之九股，都匀、八寨之紫姜（薑），天坝之九名九姓，镇远之黑苗，铜仁之红苗，黎平之阳洞罗汉、峝人，古州之黑山、车寨，此其最悍者。其他种类甚繁，然性多良善，皆可以鞭箠使者也。诚能悉其孰善、孰恶，恶则威之，善则抚之，故曰在识其情。其人虽善恶不齐，然皆愚直少诈，治之，贵推诚相与，不可用智术，以启其机心，因其朴野，而使之安于纯纯闷闷之天，则争夺无从起矣。夫顽愚之民，有以服其心，则易于输诚，无以服其心，则易于煽动。故曰在顺其性。黔地山多土瘠，耕作每不足自赡。虽苗性喜劫夺，亦多由饥寒所迫，诚能兴水利以资灌溉，（如乾隆间罗太守文思治石阡，教民开塘蓄水）植橡树以养山蚕，开荒土以勤耕作，禁奢侈以节财用，修常平以备旱荒，则衣食足而顽梗可化矣。故曰在遂其生。苗、汉不和，其祸甚大，且甚速。汉奸无迹可查，各立团首，适树之争，有所曲直，愈激其怒，惟宜于公暇之时，轻车出巡，聚其父老，训以礼义，俾如家人父子。一有争竞，立为解释。又于各寨，酌立义学，渐使知文，其风俗之大坏者渐为革之，其无关大体者，亦不心多为纷更。至于各种邪教，尤宜严禁，庶几弊可除，而变可弭，故曰在杜其弊。变乱之生，每出所忽，《书》曰：有备无患。防患之法，莫如修武备，行保甲。修武备，则屯田守碉，不徒以具文了事。行保甲，则十家一长，自足统率，务使出入相友，守望相助，不可立团首以成难制之势。防备既周，变乱无由，则故曰在严其防。然而民俗不齐，土风各异，以有定之法治无定之民，其治甚难。惟因其俗之无定，而治亦与之无定，因地制宜，兴其利不长其奸，除其弊不拂其情，庶乎法可行，而安可久，治可长。然而行之有效，要在得人。伊古以来，有治人无治法，苟得其人，随地可以立法。不得其人，虽周公官礼亦误苍生。《语》有之，得能吏十不如得良吏一。又曰得一良吏胜得一良将。盖有良吏则良将无以建其功。夫所谓良吏者何也？视斯民如吾子，视国事如家事，苟利于民，虽害于己，所不计也。不利于民，虽利于己，所不为也。呜呼，斯人可作与之执鞭所欣慕焉。悠悠斯世，其可旦暮遇之乎走也，不学无术，窃愿与有官守者共勉之。

桂馥的《苗蛮久安长治论》，可以归纳为三个方面的内容：一是提出了治国理民的基本理论和安抚“苗蛮”的重要性；二是指出了在多次剿抚“苗蛮叛乱”之后仍然存在的三大隐患；三是论述了应该如何治理贵州“苗蛮”的五项原则。

从普遍的治国安邦理论来讲，除了选好各级官吏之外，首先应该重视对一般庶民的治理，如果不能顺乎民心民意，国家就不可能长治久安，任何帝王君主的统治都会摇摇欲坠，甚至土崩瓦解，正所谓“水可载舟，亦可覆舟”。作为民族地区庶民主体的“苗蛮”，自然是应当着力安抚，使之安居乐业的对象。桂馥认为，治理“苗蛮”的关键在于“抚之得道”，对于贵州“苗蛮”尤其如此。明朝之所以屡次发生“苗蛮”起事，就是因为“抚之失道”。

桂馥指出，在清朝用兵剿抚贵州“苗蛮”之后，修城设官，以防其叛，但“犹复有近年之变”，“大难虽平，而厝火积薪，在所当虑”，仍然存在着三个方面的重大隐患：其一是“苗蛮”叛乱之时，汉民遭受了“苗蛮”的荼毒，汉、苗之间的矛盾仍然存在，现在苗、汉还是“比户而居”，容易爆发新的冲突，导致“苗蛮”叛乱再起；其二是虽然大规模的平叛军事行动已经结束，但在战争之后当地“生业未复，衣食不充饥寒”，穷困潦倒的“苗蛮”势必会再行劫掠抢夺，发动叛乱；其三是一些“不贤”之地方官吏安抚无方，只会“诛杀”，必然会引起新的叛乱。如果不彻底去除这三种隐患，要使“苗蛮”不叛，“不可得也”。

从桂馥以上的论述来看，可以说他是主张治理“苗蛮”要以安抚为主的。至于应该如何以安抚为主，从而对“苗蛮”进行治理，桂馥提出了五点主张。第一，要“炽其情”。所谓“炽其情”，就是要深入了解各个少数民族的习性，包括族群的大小、强弱、“善恶”等情况。对于同一种民族，也要区分其不同地区和各个群体，抚善威恶，具体对待。要做到这一点，首要的是要“能悉其孰善、孰恶”。桂馥认为，贵州最大的民族是“猓猡”，最强悍的是“狆家”，最“凶恶”的是“生苗”。包括定番的“谷蔺苗”、丹江、施秉的“九股苗”，都匀、八寨的“紫薑苗”，天坝的“九名九姓苗”和镇远的“黑苗”，铜仁的“红苗”，黎平的“阳洞罗汉苗”，以及“峝人”，古州的“黑山苗”、“车寨苗”等，这些最为凶悍，其他“苗蛮”均“性多良善”。桂馥对于贵州“苗蛮”善恶的分析，完全是依照自己的标准，根据清代各种“苗蛮”起事的多少和程度等因素确定的，很难说一定准确、科学，合乎实际，但他所追求的区别各种“苗蛮”，进行分别治理的理论应当说是有一定的积极意义的。第二，治理“苗蛮”要“顺其性”。所谓“顺其性”就是要根据少数民族“愚直少诈”的性格，以诚相待，“贵推诚相与”，切不可动用“智术”，要“因其朴野”，通过“输诚”，以服其心，这样就不会再有争夺之事发生。第三，要“遂其生”，也就是从经济上真正解决“苗蛮”的生计问题。桂馥认为，贵州“苗蛮”之所以“性喜劫夺”，根本原因是贵州“山多地瘠，耕作每不足自赡”，因此，桂馥主张要从四个方面解决“苗蛮”衣食不足的问题：一是兴修水利；二是植树养蚕；三是开荒耕作；四是修仓备荒。第四，要“杜其弊”，即革除“苗蛮”中原有的各种陋习，杜绝各种邪教。桂馥认为，贵州之所以“苗、汉不和”，矛盾频生，原因是“苗蛮”与汉人习俗不一，为了解决这个矛盾，必须对“苗蛮”进行汉化教育，使其懂得儒家仪礼。具体办法是“于各寨酌立义学”。第五，要“严其防”，即“修武备、行保甲”。修武备的具体措施是“屯田守硐”，行保甲的具体措施是“十家一长，自足统率”。

以上桂馥的五种治苗之策，可以说是在总结了历代统治经验的基础上，结合贵州少数民族地区的现状提出的一整套切实可行的方略。如果真正做到了以上五点，就完全可以克服明清以来在南方少数民族地区进行“改土归流”过程中产生的不顾各民族的不同特点，强行推行“一刀切”的措施所带来的弊病。在这些方略中，桂馥尤其强调要认真解决少数民族的生活困难，不使其在“饥寒交迫”中接受治理。他的兴修水利、开垦荒田、植树养蚕以及设立常平仓以救济荒年的办法，既是吸收了内地统治的经验，又结合了贵州的实际自然状况，具体矛盾具体解决，针对性较强。桂馥的这种治苗思想，实际上是源于管子 “仓廪实知礼节，衣食足知荣辱” 的主张。在“遂其生”之后，桂馥紧接着提出了杜绝“苗蛮”陋习、严禁邪教的主张，正所谓“既富而教”。难能可贵的是，桂馥认为，杜绝陋习不能一蹴而就，要通过义学，“渐使知文”，逐渐改革少数民族落后的风俗习惯。桂馥将“严其防”的治理方针放在了五项措施的最后一项，也就是说，在桂馥看来，动用兵力，严加镇压，以武力制服“苗蛮”，应当属于不得已而为之的下策。如果做到了前面的四点，武装只作为防备即可，如果能够建立完善的保甲制度，使“苗蛮”“出入相友、守望相助”，完全可以防止“苗蛮”“立团首”、结私党，发动“叛乱”。

在桂馥的《苗蛮久治长安论》中，既主张人治，也主张法治，但桂馥不可能完全脱离封建时代的思想约束，提出以法治苗的思想。在人治与法治两方面，桂馥更重视人治。可取的是他主张的因地制宜的立法思想，他说：“民俗不齐，土风各异，以有定之法治无定之民，其治甚难。惟因其俗之无定，而治亦与之无定，因地制宜，兴其利不长其奸，除其弊不拂其情，庶乎法可行，而安可久，治可长。”在人治方面，桂馥提出了能吏、良吏、良将的概念，他认为“得能吏十不如得良吏一”，“得一良吏胜得一良将”。桂馥所谓“良吏” 的标准是：“视斯民如吾子，视国事如家事，苟利于民，虽害于己，所不为计；不利于民，虽利于己，所不为也。”桂馥毕竟是清代的地方官吏，也曾亲自参加剿抚贵州少数民族的行动，他的各种主张必然是站在封建统治者的立场上，为了维护其统治的长治久安而提出的，但是他的这种为官思想和“良吏”标准，仍有广泛的借鉴作用。

综上所述，桂馥的治苗思想自有一套完整的体系，抛开他的各种主张和措施的目的性，其中的不少观点都有着一定的现实意义。

伍

第五章 《苗蛮图》所反映的贵州少数民族和而不同的社会经济生活与文化习俗

第五章
《苗蛮图》所反映的贵州少数民族和而不同的社会经济生活与文化习俗

随着历史的演变，自古以来，不断有贵州地区以外的民族群体迁入贵州，使这个本来的“西南夷”之地，成为了多民族共同居住、共同生活的地区。随着明清两代“改土归流”的深入，大量汉人拥入少数民族居住地区，形成了汉族与少数民族杂居的形态。由于民族之间的各自不同的发展和地理条件的限制，以及各民族间的互相交往，逐渐形成了贵州多民族各具特色又有共同内涵的社会经济文化生活。这些丰富多彩的贵州少数民族社会经济文化生活，在清代成书的《苗蛮图》中反映得十分具体，其中又以桂馥的《黔南苗蛮图说》记载得最为详细。下面分专题进行论述。

一、清代贵州“苗蛮”的生产活动

（一）农业生产活动

通过《黔南苗蛮图说》的记载可以看出，清代贵州的各种少数民族中，从事农业生产的民族占据绝大多数。但是，在元代和明初，贵州还被认为是“蛮荒”之地，少数民族是居民的主体，从事农业的汉族居民寥寥无几，他们分散在万山丛中的一个个坝子内或峡谷中间，农业生产还相当落后。元世祖至元二十七年（1290）于乌撒路设立军屯，使用大量汉军从事屯田，汉族先进的农业生产技术才得以广泛地传入贵州的彝族、仡佬族等各个少数民族之中，也才有了《苗蛮图》中贵州多数“苗蛮”从事农业的画面。

从《黔南苗蛮图说》来看，“青苗”、“红苗”、“花苗”、“白苗”、“黑苗”、“克孟牯羊苗”、“八寨苗”、“九名九姓苗”、“洞苗”、“黑生苗”、“鸦雀苗”、“清江黑苗”、“车寨苗”、“洪州苗”、“班苗”、“东苗”、“西苗”、“羊獚苗”、“宋家”、“蔡家”、“卡尤狆家”、“青狆家”、“黑狆家”、“白狆家”、“八番狆家”、“水家”、“獞家”、“猺家”、“花猺”、“狪家”、“红犵狫”、“锅圈犵狫”、“水犵狫”、“木犵狫”、“郎慈犵狫”、“犵当”、“犵獞”、“白龙家”、“马镫龙家”、“大头龙家”、“狗耳龙家”、“伕家”、“蛮人”、“楼居蛮”、“峒人”、“土人”、“六洞夷人”、“里民子”、“白额子”、“羿子”、“白儿子”等50多种“苗蛮”，其生产方式都是以农业为主。大部分又都是耕织结合，或男耕女织，或女耕女织。就汉族的传统农业而言，一般情况下都是男耕女织，自给自足。而在贵州少数民族中间，多数民族与汉族一样，同样是男耕女织，如“花苗”“男子勤耕，妇人织麻为生”①。“羊獚苗”“男子计口而耕，妇人度身而织”②。“狆家男子善治田，妇女善织布，名曰狆家布”③。但也有的民族是女耕女织，耕织全由女人所为。如“黑狆家”“妇人勤耕织，男子以种树为业”④。“八番狆家”“其俗男逸女劳，妇人直顶作髻，日出而耕，日入而织”⑤。在清代的贵州少数民族当中，女耕现象并不少见。如“犵兜”“力田折薪多以妇人任之”⑥；土人也是“男子间贸易，妇人力耕作。种植时田歌相和，清越可听”⑦。

在众多的从事农业的民族中，种植水稻等粮食作物者占绝大多数。如《黔南苗蛮图说》中“鸦雀苗”、“班苗”、“狪家”、“土犵狫”、“木犵狫”、“犵兜”、“大头龙家”、“狗耳龙家”、“侬家”、“六洞夷人”、“白儿子”等“苗蛮”的画面都是种植水稻的现场，他们或翻耕水

① 《黔南苗蛮图说》第五种《花苗》。
② 《黔南苗蛮图说》第三十八种《羊獚苗》。
③ 《黔南苗蛮图说》第四十三种《青狆家》。
④ 《黔南苗蛮图说》第四十四种《黑狆家》。
⑤ 《黔南苗蛮图说》第四十六种《八番狆家》。
⑥ 《黔南苗蛮图说》第六十六种《犵兜》。
⑦ 《黔南苗蛮图说》第八十种《土人》。

田，或弯腰插秧，或收割稻谷，场面栩栩如生。

也有的民族虽然从事农业，但由于他们居住的地理条件所限，并不擅长水田的耕作，而是以种植山粮为主。如“青苗”“多依箐山而居，又名箐苗，不善耕，惟种山粮，杂麻子为食”。“九名九姓苗”“妇女种山（粮）为务”①。“黑生苗”也是“以种山粮为事”②。种山粮者，并非完全都是种植麻子、苦荞等山地作物，也有在山上梯田中种植水稻者，如“鸦雀苗”虽然是“喜居山岭，种山粮为食”，但从画面上看，很清楚是在山上种植水稻，因为贵州的地理条件虽然是“地无三尺平”，但气候条件却是“天无三日晴”，充足的雨量使山区种植水稻成为可能。

清代贵州少数民族的农业生产活动除了种植粮食作物之外，还有的民族以种植经济作物为主。如“獞家”“以种棉花、蓝靛为业”③，“狪家”“善种棉花，女则自纺织为衣”④。

从《黔南苗蛮图说》的记载来看，清代贵州各民族从事的农业生产基本上是以生产粮食、棉花为主。由于贵州山多地少的恶劣地理环境所致，从事农业生产的民族往往不能满足对于衣食的基本要求，因此在《黔南苗蛮图说》所载的所有从事农业生产的民族中，几乎都记载着该民族“勤耕作”，并在“耕作之暇”从事渔猎或入山采药等生产活动。即使如此，仍然有的民族要以“苦荞野菜为食”。或整个群体被其他人所雇佣、役使。如“白苗”“转徙不常，为人雇役垦田，往往负租而逃”⑤。这些均说明，清代贵州从事农业生产的少数民族的生活是极其艰苦的。

清代贵州农业民族的生活之所以艰苦，除了贵州的自然条件较差之外，少数民族的农耕技术落后，生产水平低、农产品少也是重要原因之一。内地汉族的农业生产，早在春秋战国时期就已经开始使用牛耕，早已是精耕细

① 《黔南苗蛮图说》第十三种《九名九姓苗》。
② 《黔南苗蛮图说》第十六种《黑生苗》。
③ 《黔南苗蛮图说》第五十种《獞家》。
④ 《黔南苗蛮图说》第五十三种《狪家》。
⑤ 《黔南苗蛮图说》第六种《白苗》。

作，单位面积产量较高，而贵州地区少数民族的农业生产，有的到了清代还是“耕不用牛，以铁鎛代犁发土，耰而不耘”①。从《黔南苗蛮图说》的画面上看，有的贵州少数民族使用的犁相当简单，只有一个犁头安于扶手之上，以绳拴犁，完全靠人力牵引，所翻土地必然很浅，撒下种子之后，只是简单覆盖而已，庄稼生长过程中又不进行中耕、耘土，产量一定比较低下。这还是种水田的农业，那些在山岭种植山粮的农民生产技术就更加原始，收入也就更加低下，生活异常困苦。于是，很多少数民族不得已便兼营他业，有的便“以劫夺为事”，遇到灾年或官府逼租，则很容易揭竿而起，发动所谓的“叛乱”。究其原因，正如桂馥所言：“虽苗性喜夺，亦多由饥寒所迫。”②

（二）非农业生产活动

1. 渔猎活动

清代贵州少数民族的非农业生产活动主要包括渔猎、手工业和商业活动。其中，手工业生产活动又以纺织业最为活跃。

贵州多山多水，山水之间野兽与游鱼等生活资料的自然资源较为丰富，为生活在深山之中的各民族提供了渔猎生产的优越条件，使一些民族专门从事或兼作从事渔猎成为可能。从《黔南苗蛮图说》所载86种“苗蛮”的生产活动来看，从事渔猎的“苗蛮”有：“紫薑苗”，“稼穑之外，惟务渔猎”③；“八寨苗”“耕作之暇，惟事渔猎”④；“鸭崽苗”“以种山、渔猎为务”⑤；“羊黄苗”“以渔猎为业”⑥。此外，还有“东苗”“春猎于山”，“花犵狫”“耕作之暇，以渔猎为事”，“水犵狫”“犹沿苗俗，善捕鱼”，“犵当”“善耕作，暇日以射生为业”，“狗耳龙家”“依深林榛莽间，以居近溪者，

① 《黔南苗蛮图说》第八种《克孟牯羊苗》。
② 桂馥《苗蛮九治长安论》。
③ 《黔南苗蛮图说》第十一种《紫薑苗》。
④ 《黔南苗蛮图说》第十二种《八寨苗》。
⑤ 《黔南苗蛮图说》第三十二种《鸭崽苗》。
⑥ 《黔南苗蛮图说》第三十八种《羊獚苗》。

入水捕鱼”。“蛮人”“勤耕作，好渔猎”①。这些记载说明，到了清代，贵州的少数民族中仍然有苗族、仡佬族、壮族、毛南族等民族从事渔猎生产活动，此种活动在有些民族的生产活动中还占有相当大的比重。这种情况一方面证实了清代贵州山区动物资源、渔业资源还比较丰富，原始自然环境保持得还比较好。另一方面，也说明贵州少数民族的生产力水平还比较低下。

2. 手工业生产活动

贵州多山，矿藏丰富，有的民族如仡佬族便“以采矿为业”②。关于清代贵州仡佬族从事矿业生产的情况，在《黔南苗蛮图说》中也有反映。第五十六种《披袍犵狫》：“男子束发绾髻，多以铸犁为业。”据乾隆《贵州通志》记载，仡佬族开矿、炼铁铸造的精巧而锋利的小铧口犁，很适合黔西北各民族耕种山地使用。仡佬族不仅铸造犁铧等农业生产工具以满足当地各民族从事农业生产的需要，也铸造铁锅、刀具等生活用品，因此仡佬族善营铁业名声远扬，仡佬族中的“披袍犵狫”也被称为“打铁犵狫”。

同样以冶铁闻名的民族还有“摆榜苗”。该种苗族的生产活动是在“种山之外，有习铁工者，故定番人又呼为‘打铁苗’”③。

贵州少数民族从事的手工业最多的还应属纺织业。由于衣着的需要，很多民族都用棉、麻、羊毛、丝等原料经营纺线、织布，或自用，或出卖。据研究表明，明代以前，贵州地区“其树桑麻化治丝给之习，既未之闻”，明代以后才有种棉、植桑之业。明代贵州地方官员开谕“军民人等俱要植桑养蚕，种花纺棉”，并雇请机匠传习“织纫之业”，又制造棉车三百余台发放各地④。由此，贵州的各民族在传统的纺织技艺基础上，发展了当地的民族纺织业。在《黔南苗蛮图说》中，除了耕织并举的民族之外，明确记载以从事纺织业为主的“苗蛮”，有“养蚕织锦为衣”的“阳洞罗汉苗”；有“工

① 以上分别见《黔南苗蛮图说》第三十四、第五十五、第六十一、第六十五、第七十二、第七十五种“苗蛮”记载。

② 《贵州图经新志》卷三。

③ 《黔南苗蛮图说》第二十九种《摆榜苗》。

④ ［乾隆］鄂尔泰、张广泗、靖道谟、杜诠纂：《贵州通志》，乾隆六年刻本。

纺织，其布最精密”的“谷蔺苗”；有“妇女勤纺织，尤善染”的“高坡苗”；有以织造“武侯锦”著称的“水西苗”；有“以耕织为业”的“马镫龙家”；还有“以纺织为务，又善染”的“夭家”；更有“剪羊毛，织布为衣”的“里民子”等[①]。在这些从事纺织业的民族中，其纺织工艺水平有高有低，其中以“水西苗”的织锦和“谷蔺苗”的棉布最为著名。

“水西苗”居住在古州，“男女衣衿以绒锦为之，锦乃妇女自织，名曰‘武侯锦’”。对于“武侯锦”的特点与名称的由来，桂馥作了详细的说明：“锦用木棉线染成五色织之。质粗有文采。土人相传武侯征铜仁蛮不下时，蛮之儿女患痘，多有殇者，求之武侯，侯教织此锦为卧具，立活。故至今名之曰‘武侯锦’。”[②]

“谷蔺苗”又称“鸭寨苗”，因居住在贵州定番谷蔺场而得名。该种苗人善于织布，不仅满足自己的衣着之需，而且每逢集市，必将所织之布带到市场上出卖。如桂馥所记：“每遇场期，抱布出，市人争购之。故谚有‘欲作汗衫裤，须得谷蔺布’。”[③]在《黔南苗蛮图说》“谷蔺苗”的画面中，除了两个小儿自窗外窥视一长者织布外，其余的成年人或织布，或晒布、或卷布，也有一男子似乎欲前往市场卖布。整个一派围绕“谷蔺布”而繁忙的景象。这足以说明，纺织业在“谷蔺苗”中占有绝对的中心地位。

不仅“谷蔺苗”善于纺织，贵州许多地区的苗族或其他少数民族也都以纺织手工业见长。《贵州通志•土民》载：松桃地区的苗族“娴纺织，所织斑布精致古雅，坚韧而耐用”。从《黔南苗蛮图说》的记载看，松桃地区的苗族应该是“红苗”[④]。又如安顺地区的“狆家”即布依族同样“善织布，能作斜纹、斗纹等花”，染出“杠青、皂青自色”[⑤]。“青狆家”“善织

---

① 分别见《黔南苗蛮图说》相应各种“苗蛮”的记载。

② 《黔南苗蛮图说》第十九种《水西苗》条，作者行间自注。

③ 《黔南苗蛮图说》第十种《谷蔺苗》。《黔记》作“欲作汗衫裤，织得谷蔺布”，有一字之差。

④ 见本文表一《黔南苗蛮图说》所载贵州“苗蛮”类表。

⑤ 《安顺府志》。

布，名曰‘狆家布’”[①]。洪州苗“善纺绩，织葛布，颇精细。多售于市”[②]。

纺织手工业的发展，自然会带动印染业的进步。印染业的进步，又会引起蓝靛等染色原料种植业的兴起。在《黔南苗蛮图说》中，就有“以种蓝靛为业”的“羊家”和“獚家”[③]等。就《黔南苗蛮图说》提供的资料而言，最善于染布的是“高坡苗”。他们印染的布“其青蓝色，经洗其色不退”。“高坡苗”的画面全部是染布的劳动场面，只见人们有的执灶印染，有的浆洗、拧水，有的展布晾晒，有的收拾成品。从其场面可以看出，清代“高坡苗”染布的作坊已经具有相当大的规模，表明了清代贵州少数民族生产活动中染织业生产的发达。正是由于清代贵州少数民族纺织、印染手工业具有良好的基础，才使得贵州的染织品至今长盛不衰，名扬四海。

从《黔南苗蛮图说》记载的情况来看，在清代贵州的纺织印染业中，已经形成了一种自然的社会分工，有以种棉、养蚕为主、生产纺织原料的民族群体，如“獚家”、“狪家”、“谷蔺苗”等；有以从事纺织为主的民族群体，如“水西苗”、“谷蔺苗”等；也有以从事印染见长的民族群体，如“高坡苗”等；更有为染织业提供原材料而从事蓝靛生产的“羊家”和“獚家”等。有的民族既从事纺织业，也经营印染业，纺织印染都具有很高的水平，如“谷蔺苗”等。清代贵州少数民族手工业生产的这种自然分工，必然会带动商业经济的发展，形成自然经济和市场经济互相配合、农业与手工业互相补充的机制，为贵州社会的整体运转奠定了经济基础。

在清代贵州少数民族的社会生产活动当中，还有“广种树木”、与汉人通商的“清江黑苗”，有以“采紫草为业”的“短裙苗”，也有“不务耕织、善造药箭”的“宗地苗”。这些“苗蛮”所从事的生产活动，虽然不是当地的主要生产部门，在整个贵州少数民族生产活动中也不占主导地位，但同样是对当地各民族社会生产生活的一种补充，起着不可或缺的作用。

---

① 《黔南苗蛮图说》第四十三种《青狆家》。
② 《黔南苗蛮图说》第二十六种《洪州苗》。
③ 《黔南苗蛮图说》第四十九种《羊家》、第五十种《獚家》。

二、各民族文化的丰富多姿与相互渗透

如上所述，生产活动的多样性，必然带来交往的频繁发生，而市场上的经济交流，又会使各民族间的文化既丰富多彩，各有不同，又必然使各种不同的文化在相对固定的地域内互相渗透，彼此融合，形成和而不同的贵州民族文化特色，这种特色在《黔南苗蛮图说》的记载中俯拾即是。

（一）汉语言文字对贵州各民族文化的影响

作为土著的贵州少数民族，原本使用的基本上是本民族的语言。但是，由于历史的演变，随着汉族与少数民族间、少数民族与少数民族间交往的扩大，汉语文对贵州少数民族语言文字的影响、少数民族之间各种语言的互相影响日益广泛，使贵州这个自古以来的“蛮荒之地”，逐渐形成了汉族与少数民族交错杂居、以汉文化为向心、又具有鲜明特色的语言文化。《黔南苗蛮图说》的记载表明，有的“苗蛮”由原来不说汉语，到了清代已经熟练地运用汉语：如“青苗”“通晓汉语”、“洞苗”“诵读与汉人无异”；“羊猹苗”“习汉语”、“宋家”“颇通汉语，知文字”；“蔡家”也是“通汉语，知文字。今杂汉人中多不辨矣”；“水家”“习汉语”；“猪豕犵狫”“在清平县者颇通汉语”；“里民子”“通汉语，贸易为生”[①]。这些记载并不全面，有些“苗蛮”虽不像以上这几种“苗蛮”那样熟知汉文、汉语，但由于与汉人杂居，也必定要受到先进的汉语言文化的影响。而上面桂馥之所以在这些“苗蛮”条下明确记载他们“通汉语”，正是说明他们原来不懂汉语，现在有了很大变化，才特意记载下来。

就文字而言，从《黔南苗蛮图说》的记载来看，清代贵州的一些少数民族没有文字，有些则使用自己本民族的文字。在贵州分布最广的苗族，直到

① 分别见《黔南苗蛮图说》第三、第三十八、第三十九、第四十、第四十七、第五十七、第八十二种“苗蛮”的记载。

19世纪末才开始由英国传教士柏格理与其他牧师一起创制了苗文，最终完成时间为1905年[①]。虽然如此，由于有些苗族已经懂得了一些汉语，甚至较熟练地掌握了汉语，因此可以在苗族中间进行汉化与封建礼教等教育，于乡村“设义学驯化民苗”[②]。据《黔南苗蛮图说》记载，由于“苗蛮”汉语水平的提高，已经有“读书应试者，呼之为苗，返唇相向”[③]。这里说的是“青狆家”，也就是布依族的情况。由于他们可以与汉人一样参加国家的科举考试，从心理上也产生了不愿意承认自己是“苗”人的变化，如果有人仍旧称呼他们为“苗人”，他们就要“返唇相向”，表示反对。不仅布依族如此，水族也有“读书经商者”，这里的读书应该指的是习读汉文的儒家经典。还有的民族“其子弟亦延师教训，多有泮读”。这些现象无疑会大大加强和促进贵州汉族与少数民族之间的文化交流。

在《黔南苗蛮图说》成书的清代后期，贵州多数“苗蛮”的语言文字与汉文化相比，还处于比较落后的状态。如“黑猓猡”（彝族），算是属于比较先进的民族，他们的文字是“方形，类蝌蚪”；“白猓猡”根本“不通文字，结绳刻木为信”[④]。又如“黑山苗”由于久居山区，与汉人接触甚少，“未习汉语，服食甚陋，鲜入城市”，其社会文化生活也相对闭塞、落后。面对这种情况，汉族的先进文化传入贵州民族地区以后，正在逐渐地改变着当地少数民族的落后状况，少数民族的发展和进步离不开汉族。同时，由于汉族与少数民族在贵州地区的长期交错杂居，汉族同样受到少数民族文化的感染，从而出现了学习少数民族语言的情况，有些汉族与少数民族通婚后，语言习俗相互渗透、交融，正所谓“名声文物之邦，遂成蛮俗”。这又说明汉族同样离不开少数民族。就清代贵州的情况而言，确实是一种汉族与少数民族之间你中有我、我中有你的关系。

---

① 王辅世：《苗族文字的改革问题》，载《国内少数民族语言文字的概况》，中华书局，1954年版。

② 爱必达纂：《黔南识略》，清光绪三十二年增刻本。

③ 《黔南苗蛮图说》第四十三种《青狆家》。

④ 《黔南苗蛮图说》第一、第二种《黑猓猡》、《白猓猡》条。

（二）婚丧习俗文化的雷同与差异

如前所述，贵州民族众多，风俗各异。但仔细分析各民族的风俗习惯与文化特征，就会发现，很多少数民族的风俗习惯十分相像，有些少数民族的习俗已经与汉族无大差别。现以婚丧习俗为例，进行简单分析。

首先说婚俗。由《黔南苗蛮图说》得知，在清代贵州少数民族中，青年人的婚姻恋爱相对汉族而言，可以说是相当自由和开放的。例如苗族，多数是通过“跳月”等文娱活动作为媒介恋爱成婚的，恋爱成功之后再找媒妁，实际上已经是走过场而已。关于“跳月”的具体情况，以往的研究者虽有不少论述，但对于“跳月”过程的详细描述，莫过于《黔南苗蛮图说》第五种《花苗》的记载，该文中云：“花苗”“跳月以孟春，植冬青树于跳场，缀以野花，名曰花树。男女皆艳服，男吹芦笙，女振响铃，踏歌跳舞，绕树三匝，名曰跳花。跳毕，女视所欢，或巾或带，与之相易，谓之换带。然后通媒妁，聘资视女之妍媸为盈缩。女嫁数日，即回母家，生子然后归，谓之做家”。与“花苗”跳月完全相同的是“青苗”，稍有不同的是“克孟牯羊苗”：“男女跳笙而偶，生子免乳，则归其聘财。”①

在清代贵州的苗族中，有些群体还专门在野外为男女青年自由恋爱建造房屋，提供场所。如“八寨苗”“各寨野外均造一房，名曰‘马郎房’。晚则未婚男女相聚其中，歌唱欢悦者，以牛酒致聘。出嫁三日，仍归母家。或半年一载，向婚婿索头钱，若婚婿无力措办，则将女改嫁。有婿女死者，仍向其家索之。谓之鬼头钱”②。

清代贵州苗族这种自由恋爱的形式，在传统的只靠父母之命、媒妁之言决定青年男女终身大事的汉族中间，是极为罕见的。更为开放的是“清江黑苗”，该苗“未婚男子称罗汉，女子称老陪。春日携酒于高岗，歌舞欢悦，男唱女和，相爱者饮以牛角酒，遂奔焉。男子生子后乃曰有后人，始耕作”③。

不仅苗族如此，其他的民族也有相仿者。如布依族即《苗蛮图》中的诸

---

① 《黔南苗蛮图说》第八种《克孟牯羊苗》。

② 《黔南苗蛮图说》第十二种《八寨苗》。

③ 《黔南苗蛮图说》第二十种《清江黑苗》。

“狆家”，“每岁孟春跳月，用彩布编为小球，谓之花球，视所欢者掷之”[①]。又如“狗耳龙家”：“春时立木于野，谓之竿。男女旋跃而择配。换带即奔。女党以牛马赎之，方通媒妁。”[②]与苗族有所不同的是，多数苗族是男方出牛马等财物，而“狗耳龙家”则是“女党以牛马赎之”。彝族婚配也是男方出资聘女为妻。“黑猓猡”“婚用媒妁，以牛马为聘”[③]。

在贵州苗族中间，有很多群体到了清代还较为普遍地存在着姑舅婚姻的情况。他们当中的“黑苗”，“婚姻，姑之女定为舅之媳。若舅无子，必重献于舅，谓之外甥钱，又谓之还种钱。否则，终身不能嫁人”[④]。“阳洞罗汉苗”“婚姻不避同姓。姑家养女，定为舅媳。否乃卜他族。母家嫁女，助奁以田亩，终女之身，仍归母家。相沿已久，未能尽禁也”[⑤]。实际上，这种姑舅婚姻在内地汉族当中也有发生，但汉族的姑舅婚姻并不存在“黑苗”的所谓“外甥钱”与“还种钱”之说。也不像“阳洞罗汉苗”那样，“姑家养女，定为舅媳”。这一方面体现了贵州苗族婚姻状态与汉族有相同之处，又说明苗族的婚姻习俗有着自己的鲜明特点。可以说，在婚姻文化方面，清代贵州少数民族与汉族是和而不同的。

另外，在清代贵州，某些少数民族与汉族通婚，已非稀奇之事。个别少数民族的习俗已经与汉人无大差别。如“红苗”“婚姻丧葬与汉人渐同”[⑥]。

无论是在汉族还是在少数民族当中流行的姑舅婚姻，都由于结婚的双方血缘关系太近而不利于后代的成长，从遗传学上讲是一种十分落后的婚姻状态，如果强行推行此种婚姻，非姑舅表兄妹不嫁，或“姑家养女，定为舅媳”，那么就更显落后。然而，在贵州的部分民族中，为了摒弃血缘较近者结婚，也形成了“同姓不婚”的习俗[⑦]。

---

① ［乾隆］鄂尔泰、张广泗、靖道谟、杜诠纂：《贵州通志》，乾隆六年刻本。
② 《黔南苗蛮图说》第七十种《狗耳龙家》。
③ 《黔南苗蛮图说》第一种《黑猓猡》。
④ 《黔南苗蛮图说》第七种《黑苗》。
⑤ 《黔南苗蛮图说》第九种《阳洞罗汉苗》。
⑥ 《黔南苗蛮图说》第四种《红苗》。
⑦ 《黔南苗蛮图说》第六十三种《木犵狫》。

再说丧葬。清代贵州各民族的丧葬习俗可谓五花八门，丰富多彩。它体现着各民族对于死亡的认识和对人生的思考。从各民族丧葬习俗的共同点来看，很多民族不像汉族那样一定要以棺椁殓尸，厚葬亲人，多是“葬不用棺”。如“红苗”“以遗衣服装死者像，击鼓歌舞，名曰调彭”①。“花苗”“丧则以死者衣服向屋角呼之，曰复。屠牛召亲友，各携酒肉为赙，环哭尽哀。葬不用棺，殓手足以瘗之”②。“黑苗”“死则以大木二锯为四，择高冈深坑，以一木作底，旁置两木，畀尸其中，一木覆其上，掩土深瘗之”③。“克孟牯羊苗”“亲死不哭，笑舞高歌，谓之闹尸。明年闻杜鹃声则举家嚎泣，曰‘鸟犹岁至，亲不复还矣’”④。

可以看出，同样都是苗族，其丧葬习俗却有所区别，但不用棺椁似乎相同。至于具体的丧葬仪式，自然会各有差异，如同汉族丧葬皆用棺椁土葬，而各地区的丧葬仪式可以完全不同。

除了苗族之外，贵州其他少数民族的丧葬习俗与苗族的又有更大的差异。彝族采用的是火葬。《黔南苗蛮图说》载：“黑猓猡”“殓用火葬，招魂于野，结松棚设灵帏，谓之翁车。椎牛野祭。击鼓，吹喇叭。亲戚会葬者，数百人晨夕往来，绕棚三日”⑤。“白猓猡”也用火葬，但“死以牛马革裹尸而焚之”。不用棺椁和土葬，而采用火葬，较之土葬应该说是更为进步的丧葬习俗。

布依族的丧葬使用棺椁，也属于火葬，但与彝族的火葬又有不同。《黔南苗蛮图说》载：“卡尤狆家”“丧则砍牛，名曰替厉。招亲友执牛角欢饮，醉或至于相杀。惟孝子不食肉啖鱼虾。葬用棺，以伞覆其上，期年而焚之”⑥。火葬的时间居然延长了一年之久，为各民族丧葬习俗之罕见。

① 《黔南苗蛮图说》第四种《红苗》。
② 《黔南苗蛮图说》第五种《花苗》。
③ 《黔南苗蛮图说》第七种《黑苗》。
④ 《黔南苗蛮图说》第八种《克孟牯羊苗》。
⑤ 《黔南苗蛮图说》第一种《黑猓猡》。
⑥ 《黔南苗蛮图说》第四十二种《卡尤狆家》。

在“紫薑苗”中存在着“夫死妻嫁而后葬，曰丧有主矣”的习惯，对于死者要经过多长时间才能殡葬，完全取决于丧者之寡妻何时能够找到新的丈夫再婚，这种特殊的安慰死者的习俗，为“紫薑苗”所独有，汉族及其他少数民族中绝少见到。

清代贵州“苗蛮”更为特殊的丧葬习俗还有“蔡家”，“夫死以妇殉葬，外家夺去乃免”[①]。这是一种表现夫妻不可分离的思想，虽然只是一种表演式的游戏，妇人并不是真正为丈夫殉葬，但却说明重男轻女的观念在“蔡家”中有很深刻的影响。从前面关于“苗蛮”民族属性的分析中，我们已经初步认定蔡家为汉族迁入贵州而成为“苗蛮”者，丧葬中“夫死以妇殉葬，外家夺去乃免”的这种习俗，也应该是汉族丧葬习俗中的遗留。

综上所述，贵州“苗蛮”婚丧文化的特点是很明显的，多数民族群体的风俗习惯具有独特的内容。但是，在婚丧文化中又具有很强的一致性，“苗蛮”的习俗，既与汉族传统的婚丧观念有着较大的差异，又可以认为，贵州少数民族的婚姻丧葬文化受到了汉族文化的影响。如婚姻以彩礼相聘，尽管青年男女已经私定终身，大部分还要用媒妁之言，这些不能不说是汉族婚姻文化在贵州少数民族中的传播的结果。

（三）多姿多彩的服饰文化及其内涵

如前所述，贵州少数民族的纺织业、印染业比较发达，纺织艺术水平较高，由此产生了绚丽多姿的民族服饰，造就了贵州民族的服饰文化特色。

据最近的调查研究表明，仅苗族的服饰有100多种款式[②]。由于贵州少数民族服饰的形式繁多，自宋元以来就留下了不少相关的记载。宋代陆游的《老学庵笔记》、朱辅的《溪蛮丛笑》等书都或多或少地记载了云贵少数民族服饰的情况。明代郭子章的《黔记》更是具体地记录了贵州的民族服饰。但是，这些记载还都停留在简单地概括介绍或典型记述上，缺乏系统和具体的区别。相比之下，清代成书的《黔南识略》对贵州民族服饰的记录则要详

① 《黔南苗蛮图说》第四十种《蔡家》。

② 何积全主编：《苗族文化研究》，第33页，贵州人民出版社，1999年版。

细很多，但是，真正详细而系统且图文并茂地描写贵州少数民族服饰文化的，还当首推《黔南苗蛮图说》。

该书在描述“黑猓猡”即彝族的服饰时写到：“其人多深目长身，黑面白齿……以青布缠头，笼发其中，而束于额，若角状。服麻布短衣，寒则披白毡，蹑草履。妇人辫发亦用青布缠首，大若笠，缀以珠蚌螺壳，耳戴大环，垂至项深，衣细褶长裙，行拖地。”①这是对清代贵州彝族服饰打扮的真实写照，直至今天，云贵一带的彝族仍以此种服饰装扮着自己。同样属于彝族的“白猓猡”，虽然男女衣着服饰与“黑猓猡”无异，但头饰却是“缠头用白花布巾。见其主必左肩拖羊皮一方”②。由此可见，头饰的颜色、式样以及服饰装扮，代表着彝族不同的地位与身份。因为“黑猓猡”（黑彝）为大族，“世为酋长”，地位最高，“白猓猡”（白彝）地位较低，“世为把目”。因此，不同的衣着服饰具有其政治和社会意义的内涵。

苗族的服饰种类最多，“青苗”“衣尚青，男子顶竹笠，蹑草履。出入必佩刀。未婚者剪脑后发，娶乃留之。妇人以青布制如九华巾蒙首，衣上及腰裙下掩膝”。“红苗”“自嘉庆元年剿平后，男皆薙发，衣服皆用斑丝织成，制仿汉人。多不留须。妇女头必裹布，耳戴大环，项戴银圈，自一二围至十余围不等。上著窄袖短衣，镶花边。下著褶裙，无中衣，不裹足”。“花苗”“衣用败布，缉条以织。无襟扣，而纳诸首。男以青布裹头，妇人敛马鬃尾杂发为髲，大如斗，笼以木梳。裳服先用蜡绘花于布，而后染之，既染去蜡，则花见。饰袖以锦，故曰花苗”。“白苗”“衣尚白，短仅及膝。男子科头赤足，妇人盘髻长簪”。“黑苗”“衣尚黑，短仅及膝。头标白羽，耳环项圈。男女皆挽髻向前，绾簪戴梳”③。以上是《黔南苗蛮图说》所记录的苗族五大支系男女各自的服饰状况。这不仅充分表现了同为苗族，但衣着服饰却花样翻新的文化现象，更表达了不同的民族服饰代表着不同的民族支系的意义。宏观地看，可以说是“青苗尚青”、“白苗尚白”、

① 《黔南苗蛮图说》第一种《黑猓猡》。
② 《黔南苗蛮图说》第二种《白猓猡》。
③ 分别见《黔南苗蛮图说》第三至第七种。

“黑苗尚黑”、“花苗穿花”、“红苗仿汉”。但细追究却是各有原因。前四种苗所衣之色，多半是由于该支系的苗人善于纺织某种布料并喜欢该种颜色所致。而“红苗”“仿汉”，大概是由于清政府在嘉庆元年平定“红苗”“叛乱”后，强迫“红苗”移风改俗的结果。至于“红苗”仍旧“耳戴大环，项戴银圈”，说明“红苗”并没有因为军事上被满族统治者征服而在文化上彻底降伏于强者，而是顽强地保持着自己的文化特色。

从前面的分析中得知，“杨保苗”、“羊獚苗”、“宋家”、“蔡家”等，很可能是汉人迁居贵州者。那么，他们的服饰状况又如何呢？“杨保苗”“男子绾髻，头缠青布，短衣大袴。妇人绾髻，短衣长裙”①；“羊獚苗”“男子薙发，习汉语。妇人绾发，盘头，笼以木梳，色尚青”②。“宋家”“男子帽而长衿，女子簪而短衿”③。“蔡家”“善赶毡子，男子衣毡，女子则制毡为髻，缘饰青布，高尺许，若牛角状，绾以长簪”④。从这四个群体人们的服饰特点可以看出，头上绾髻、盘头者居多，衣服以大袴或长衣者居多，上衣则多为短衿。就衣服而言，十分接近汉族男女的服饰，尤其是男子更为接近。若从《黔南苗蛮图说》的画面上看，这些男子的装扮简直与汉族无异，只是头饰稍有差别。而女子的头饰则与“花苗”等接近。但是，这四种人皆不像苗族那样戴耳环、项圈，与多数苗人的服饰有着明显的区别。这种情况说明，这些入居贵州民族地区的汉人，其服饰文化既部分保留了原来的传统，又在许多方面受到了当地少数民族文化的影响，发生了部分的改变。这也同样体现了贵州少数民族服饰文化与汉族服饰文化之间互相渗透，相互吸收的关系。

清代贵州布依族的服饰在《黔南苗蛮图说》中被描述为：“卡尤狆家男女以花布裹头，服饰与补笼同”；“青狆家衣尚青，制与补笼同。男女皆以青布蒙首”；“黑狆家……男子头缠红布，腰佩大刀，妇人衣服尚青，发挽

① 《黔南苗蛮图说》第三十七种《杨保苗》。
② 《黔南苗蛮图说》第三十八种《羊獚苗》。
③ 《黔南苗蛮图说》第三十九种《宋家》。
④ 《黔南苗蛮图说》第四十种《蔡家》。

高髻，斜插长簪”；“白狆家男子头戴狐尾，衣青短衣，女子身小而慧，穿浅蓝色衣，细褶勾云，裙红绣花”；“八番狆家……妇人直顶作髻”[①]。同样是布依族，但由于支系不同，服饰变化明显不同。“卡尤狆家”、“补笼狆家”、“青狆家”三者服饰基本相同，色皆尚青，以布蒙首。“黑狆家”则男红女青，高髻长簪，与其他“狆家”用布裹头大不一样。

在《黔南苗蛮图说》中，记载与描绘的其他各族服饰十分丰富而具体，就像是清代贵州民族服饰展览的画板和说明。这里虽不能一一重述，但综合看来，各民族的服饰中以男子薙发、女子高髻、以布裹头、短衣长袍、女性穿裙等为主要特色，构成了清代贵州民族服饰文化的总体格局。在这种总格局之下，各民族又各具特点，同一个民族的不同支系也独具特色。这样便形成了贵州各民族多姿多彩的服饰文化。

如上所述，在这些丰富绚烂的服饰背后，隐含着深厚的文化内涵。首先，千姿百态的民族服饰是各民族或各民族支系的外在符号，“青苗”、“花苗”、“白苗”、“青狆家”、“黑狆家”等分别穿着或崇尚某种颜色的服饰，就是最好的说明。其次，不同服饰代表着同一民族内部不同的身份、地位，黑、白“猓猡”的服饰就是其典型体现。第三，各民族不同的服饰及其变化，表现了清朝统治者的征服，也体现着各民族的文化相互交往、互相融合的状况。第四，各民族的服饰，体现着他们各自的审美观念和情趣。总体说来，贵州的民族服饰既具有广泛的实用性，从根本上体现了清代贵州各民族生产和生活的状况，又具有较高的艺术性，无处不在表现着贵州各民族人民与汉族和其他地区的少数民族和而不同的文化背景。

从反映贵州民族文化的角度来看，以《黔南苗蛮图说》为代表的《苗蛮图》，可以说是一部读不完的百科全书，它不仅真实地反映着各民族的语言文字、婚丧嫁娶、服装头饰等文化现象，也记录着各民族的饮食习惯、居舍建筑、宗教信仰、节日祭祀等方方面面的文化风貌。对于这些问题，有待今后做进一步的深入探究。

---

① 分别见《黔南苗蛮图说》第四十二至第四十六种各种“狆家”条。

余 论

《苗蛮图》作为清代重要的南方民族史志文献之一，其存在价值绝不仅仅限于本书所研究的范围，从史料价值而言，它几乎记录了南方各民族政治、经济、民俗、文化、宗教、艺术等各个方面翔实而具体的内容，是不可多得的珍贵文献。除了存史价值之外，《苗蛮图》本身多为实地亲历南方少数民族地区的学者兼艺术家们高水准的艺术创作，其书画的艺术价值也非一般绘画作品可与之相比。

就《黔南苗蛮图说》的价值而言，清代学者史念祖曾云："滇黔临疆……杂夷分布近百种。至今开临诸郡，遇市期，披裙执盖，椎髻大环，奇形异服而集者，莫可悉数……筱薌太守（桂馥）于黔之溪蛮、苗族，独能溯其源，析其类，详讨其风俗嗜尚之情，抉发其强弱叛服、山川险夷之蕴。是已足大慰余憾而知天下不乏有心之人，乃复于八十六种，各为一图，探神追态，冥想曲体，使西南诸夷，自古穷跋涉而莫能周知者，一旦尽坐呈几席，斯岂常虑所能及，有不拍案惊叹者哉！"这是对《黔南苗蛮图说》最好的赞誉。就绘画的难易程度而言，史念祖也曾说："昔人云：画人不能见之鬼怪易，画人所习见之人物难。余则谓：画人所偶见之鬼怪而人物为尤难。人不能见者，亦无可疵，人所习见者，虽工拙可指，亦有古可师。人所偶见者，肖必自创其法，不肖则共识其非，此创与因之不同，而平易与恢诡更非大乎，笔能合而一之也。"[①]也就是说，俗言画鬼容易画人难，其实，画人们不常见的人物最难。本文重点研究的《黔南苗蛮图说》的作者桂馥以及众多《苗蛮图》的作者们，跋山涉水，深入生活，在广泛了解少数民族生产、生活的基础上，精心绘制的作品，是十分难得的艺术杰作。

---

① 《黔南苗蛮图说》江都史念祖跋。

陆

附录一
《黔南苗蛮图说》文字部分点校

附录二
八十六种苗蛮图

附录一
《黔南苗蛮图说》文字部分点校

一、序跋文

（一）《黔南苗蠻圖說》史念祖跋

滇黔鄰疆，滇地尤穹闊。雜夷分佈近百種，至今開臨諸郡，遇市期，披裙執蓋，椎髻大環，奇形異服而集者，莫可悉數。余官滇三載，嘗憾無人焉。畧為諮訪，考定俾傳，梗概不圖。筱薌太守於黔之溪蠻、苗族，獨能溯其源，析其類，詳討其風俗、嗜尚之情，抉發其強弱叛服、山川險夷之蘊，是已足大慰余憾。而知天下不乏有心人。乃復於八十六種各為一圖，探神追態，冥想曲體，使西南諸夷自古窮跋涉而莫能周知者，一旦盡坐呈幾席，斯豈常慮所能及，有不拍案驚歎者哉？昔人雲："畫人不能見之鬼怪易，畫人所習見之人物難。"余則謂："畫人所偶見之鬼怪而人物為尤難！"人不能見者，亦無可疵，人所習見者，雖工拙可指，亦有古師。人所偶見者，肖必自創其法，不肖則共識其非。此創與因之不同，而平易與恢詭，更非大手筆莫能合而一之也。聞斯圖將付梓，余適又有調滇之行，滇多風雅士，或有能覩此而繼起者，未可知也。

庚寅四月奉題。

筱薌太守仁兄《黔南苗蠻圖說》江都史念祖跋（章"繩之"）。

桂筱薌《黔南苗蠻圖說》必傳之作。初擬精心為文一首，嗣因近日收拾行李忙冗，又不欲將至寶久存弟處，故於燈下潦草一揮，塞責可存與否，仍乞大雅削正，此上次山仁兄文覽，念祖（押）。

（二）許乃興序

歲庚寅，筦榷築會同事桂筱薌太守出所著《黔南苗蠻圖說》屬序，為流覽者久之。筱薌籍江西，善畫，能文章，為人豪儁、脫落。咸豐戊午，橐筆來黔。時軍事棘，筱薌以戰守功累階權州篆，自是馳驅鞅掌踰三十年。所至深林密箐之鬱幽、跳月吹蘆之歡舞、大環椎髻帷裙之殊形異狀、斷頭棹尾、短衣佩刀之洶湧，出沒罔弗，目睹心記，盡態窮形，而複於古書雜誌，參究始末，一一識其種類、分合之由。此《苗蠻圖說》之所由作也。夫苗部繁盛，性傑黠。雍正朝鄂文端率大軍戡定，迄於咸同，旋服旋叛，蹂躪遍上下游，南人夷傷僵斃以億萬計。卒賴文武師臣，威撲螳背，大難芟荑。筱薌始則值其窮，繼而逢其盛。兵事得失之故，邊荒治亂之機，筱薌蓋差有得焉。往余於役蜀之杜潘、松潘，番夷有打冤家、討命價、跳鍋椿種種風氣，余曾為詩紀之。今筱薌此作，千里蠻疆，卷諸尺幅，古樓高樹，斜日綠蔭，參差掩映於其間，畫耶？詩耶？不得而名之也。頃余有都匀之行，筱薌索序且急，余維匀屬丹江之九股、八寨之紫薑，向稱獷猂，此行願與僚吏勸勉而綏靖之。筱薌有心人，何以教我瀕行益惓惓於茲篇云！

甯鄉許乃興謹識於貴陽省城之聽竹簃。

（三）段榮勳敘

豫章桂筱薌太守，黔中老吏也。性嗜古，工畫，疏於肆應。余到黔十載，未一晤面，其非風塵中人，已可概見。光緒戊子，總司習安榷務，適余權普篆，公餘過訪，見其鶴髮童顏，精神矍鑠，藹藹然善氣迎人。洵非有德者不克臻此。暇時出所著《訓女圖說》並重繪《養蒙圖》見示，披讀一過，悉其搜羅之富，采擇之精，描摹之工，論說之簡，誠有裨於世道、人心，良深敬服。己丑夏，又以所繪《苗蠻圖》囑敘于余，余筆硯久荒，未敢應命，然搜覽之余，若有不能釋手者。緣筱薌留心之吏民事，得諸耳聞，親諸目睹，是以獉獉狉狉，渾渾噩噩，莫不窮形盡相，此豈尋常畫工所能望其肩背哉？夫上古之世，穴居野處，茹毛飲血，更有甚於今日之苗蠻者。自聖人作，而教澤涵濡，文明丕焕矣。誠使蒞斯土者覽是圖，而悉其風俗，好尚為之，默化而潛移焉，安知此日之苗蠻不為異日之文物乎？則是圖之有益於吏治，豈淺鮮哉？因不揣固陋，勉掇數語，以志欽佩不忘之意云。

光緒己丑清和月，昆明段榮勳建廷氏敘于古盤州。（“段榮勳印”、“庚午舉人丙子進士”印章二方。）

（四）張日崙《黔南苗蠻圖說序》

自古太極生而豳風王會皆有圖。筱薌曾歷歷言之，不復贅。予考嘉慶初年，吾楚嚴樂園先生所著洋防、苗防以及三省之邊防，皆各有圖，以為考核之具。我朝自開國以來，凡天下之入版土者，亦莫不載之以圖。圖顧不綦重乎？昔蕭何從高祖入咸陽，獨以先收圖籍為要，知其有關於治亂不淺也。黔省之有苗疆，至寬且廣，其種類之名號不一，風俗之醇駁不一，古今之叛服亦不一。筱薌不憚採訪之勞，而凡道里之遠近，山川之險夷，風氣之強弱，按其圖籍，詢諸土人，皆可瞭於指掌。其為國家之所關係而有裨於政事者，豈僅供人玩好哉？筱薌積數年之功，採得八十六種，皆繪以成圖，雖統而名之曰苗，而其玀自玀，狆自狆，獠自獠，分門別戶，不相混雜，其形像之有同有不同，衣冠之有異有不異，與夫飲食起居習俗好尚之有殊有不殊，紛紛擾擾，皆足以入疆域之圖，而備考核之用。又豈僅供人之玩好也哉？

光緒十年歲在甲申蒲節後二日。

如兄張日崙拜撰。

（五）孫清彥《黔南苗蠻圖說敘》

粵自古聖人命倉頡作書，史皇造畫，書畫同出三易，義蘊無窮，非僅同於不龜手之方也。今讀吾友桂君筱薌《黔苗圖說》，而歎其為不負矣。君江右士遊黔，而值苗亂，遂得橐筆，遍曆苗疆，悉其情狀，膺薦剡即仕黔疆，非其志也。君夙多才藝，於書畫篆刻無不工，而下筆精到，不欲稍涉苟簡，前有《養蒙》、《訓女》二圖說，見者歎為觀止。乃或者曰：“藝事亦適情耳。”何為聯編累牘，自困於雕蟲刻鷺耶？余曰：“唯唯否否”，不然《養蒙》、《訓女》，小學女箴之遺，大有裨於名教。至《苗圖》，則用意益深遠矣。其祈年、筵虎、風角、草占、打牙、飛頭、鬼醫、幻骨，奇同易也。溯唐肇漢種，變支分族，紀盤瓠賦稽羅甸似畫體也。跳月、歌風、石田、山繭、蘆笙、銅鼓，各狩春桑，則近詩也。樸犷殊俗，婚喪異制，剪發鑿齒，野樂幽歡，又俗之宜化於禮者也。至於狼子野心、強餐弱肉，劫商拒捕，鬥死輕身，某砦某年，筆難采載。則又春秋垂警之義。若夫藤峽鎖橋，青獱白馴，思患預防，瞭如指掌。鑄禹鼎以燭神，姦魑魅魍魎，不為世害，豈非司牧者所當留意乎哉？又曰其意旨固如是乎，余竊謂桂君今官司馬，苟得為之際，布其蘊于苗鄉，誠堪永世，又奚必與山人墨客較工拙耶？余曰非然也。夫人生逢盛世，取高甲巍科，膺台鼎而贊襄堂陛，握權津要極，顛倒進退於當世之賢能，即俸致千秋於不朽也。至一命之微，百里之寄，其所應養民而教士者，勘不捫舌掣肘，安能躊躇滿志哉？當夫邊城戎馬，塀縣烽煙，堅壁而民鮮蓋藏，請師而邑絀支度，吏充軍目，婦補隉丁，因痛癢之相關，視死生於分內，生全幸獲，遑萁賞賷，以視夫坐享膏果。浸假而勇，號蔭官黃裳翠羽，稱保障而膺顯爵者，其勞逸巧拙，何相懸也。大難既平，昔之共民披堅執銳、臥雪餐風者，或老病不知所歸矣。仕不得仕，處難遂處，渴逾司馬，饑僊臣朔，則前之宣威沙漠，視今之馳譽丹青者，誰為自樂其樂哉？而或者又曰：亦難言也。畫雖遊藝名世者，曾幾人哉耶？蓋有以藝傳人者，有以人傳藝者。人傳者，人非常人，而下筆神到，如古來卿相仙儒者流；藝傳者，才成天授，智巧莫窺，若近代李範荊關輩，是所成名各有專擅也。吳道元如荇藻穿波，張僧繇似春蠶吐繭，或如浴衣出水，飛帶迎風，則又各有專法，不相借也。宋元而降，惟唐仇文沈，分驪南北。他則未免雜糅，紛紜蹈米顛，集古之誚矣。桂君三書筆翰，能脫邯鄲之步歟！余曰：吾子知集古之說，桂君不居然藝苑之程朱哉？古人天姿高邁，學有淵源，故立一法，可為後世。則後之人倚一宗匠，即可衣被百家。故書刻如石鼓、繹山、漢碑、唐碣。每得舊拓翻摹，惟患難工，但得一貌和神來之本。群驚為翻身鷥鳳，如近出之禮泉禊序，動號千金，實未聞病其相襲也！古人漸泯之神奇，複使之壽世無窮，斯亦勝矣。況留前古之模範，咸用世之新書，可不謂邊政功臣，而藝林鴻寶耶！昔陸象山先生與王順伯評書畫，並以澤古之深者為工。先生曰："為古之是貴嶼。"順伯曰："古人作事不苟簡，試觀古器之於今製作可見。”則桂君之才密品重，不胥於是圖見之哉。是為序。

光緒十年甲申重陽前二日昆池孫清彥拜撰。

（六）桂馥《黔南苗蠻圖說敘》

《周禮》職方氏掌天下之圖，辨蠻夷閩貉戎狄之人，與其財用穀畜之數，而知其利害，設官司之。稱書籍者，或曰圖書，或曰圖籍，皆以圖為先。嘗觀《黔志》，疆里有圖，山水有圖，城郭宮室祠宇皆有圖。而於猓苗犵狆猺獚龍蠻之族，逢屯蟻聚，西南諸蠻，惟黔最多，而獨無圖，是為缺典。此余之《苗蠻圖》所由作也。客見而誚之曰：“子真好事也，前重畫《養蒙圖說》，取蒙以養正之義，又畫《訓女圖說》，取家人利女貞之義，是皆有補於世。今畫《苗蠻圖》，於世無補，只可供人玩好而已，奚足取？”余曰“唯唯否否，子不聞古之學者，為學有要，置圖於左，置書於右，索象於圖，索理於書。秦漢以前，圖籍散佚，傳於今者，如唐顏師古之《王會圖》，宋鄭俠之《流民圖》，盛度之《西域圖》，元趙孟頫之《豳風圖》，明楊東明之《饑民圖》，彭韶之《鹽場圖》，又如我朝之《職貢圖》、《耕織圖》、《棉花圖》，皆邀宸翰褒題，無非取索象於圖之義。且黔省自入版圖以來，苗蠻屢滋事矣，蒞茲土者，苟不悉其風俗，好尚而欲思患，預防不亦難乎?此余之畫《苗蠻圖》，所亟亟也。”客又曰：“若然市中畫工已先為之，何庸再事？”余曰：“彼畫工家，考核不精，所作猓苗犵狆各種服飾，大概相同，其服色皆隨意而施，所畫率本黔人張某所作《八十二種苗蠻》詩記。其中有狆混為苗者，有苗混為獠者，有一種二名而分畫者，甚至如古州地方苗狆猺獞雜處，大寨稱爺頭，小寨名洞崽，竟以爺頭、洞崽偽為二種，所住地方，亦多錯訛。余今所畫，大都親眼所及，非畫工家所可同語。”余自咸豐戊午，從事黔軍營十有餘年，歷遍上下游，所至苗疆，察看山川形勢，採訪苗民風俗，以及性情之順逆，好尚之美惡，服飾、飲食，屋宇，一一筆之於冊，以備他日承乏苗疆，不無小補。今春賦閑如故，虛度歲月，乃出而與《黔志》、《黔書》及《黔南識略》等書校對，大都相符，共得八十六種，並詳考各種之由來，古今之叛服，各敘其說，並繪以圖，凡三易稿乃成。俾人之閱是圖者，不啻親歷苗疆，不惟不失索象於圖，索理於書之義，亦庶有稗于司牧其地者，如子所謂只足供人玩好，則彼《王會》等圖，又何為者？豈獨余之《苗蠻圖》而已哉？

光緒七年歲在辛巳嘉平月朔日，臨川桂馥筱薌氏並書於黔寓三琴一劍之室。（“臣桂馥印”、“筱薌”、“一生多費買書錢”印章三方）

二、八十六種苗蠻圖說

第一種　黑猓玀

猓玀，本盧鹿，訛為今稱。有黑白二種，黑者為大族，又名烏蠻，即水西安氏後也。安氏之先，漢時有牂牁、帥黑、盧鹿、濟火者，本姓羅氏。建甯郡人習戰鬭，尚信義，善撫其衆，諸蠻戴之。聞諸葛武侯南征，積糧通道以迎師，遂佐武侯平西南夷。擒孟獲封羅甸國王，世長其土，勒四十八部。部之先是烏蠻，多不表姓氏，惟於名上加阿為通稱。久之，漸忘其氏。至明太祖時，始賜水西宣慰使靄翠為安氏。其人多深目、長身、黑面、白齒，薙髭而留髯。以青布纏頭，籠髮其中，而束於額，若角狀。服麻布短衣，寒則披白氈，躡草履。婦人辮髮，亦用青布纏首，大若笠。綴以珠蚌螺殼，耳帶大環，垂至項深。衣細摺長裙，行拖地。其俗尚鬼。有文字，方形，類蝌蚪書。歲時皆用正朔。婚用媒妁，以牛馬為聘。食以木匙，器用木碗，名為補肚。殮用火葬，招魂於野，結松棚，設靈幃，謂之翁車。椎牛野祭，擊鼓吹喇叭，親戚會葬者數百人，晨夕往來，繞棚三日，謂之趕戞。凡薪米之屬，悉背負。善走躡懸崖，捷於猿猱，平居畜善馬，好騎騁。譎而健訟，悍而喜鬭。習攻擊，尚氣力。諺云：“水西羅鬼，斷頭掉尾”，言其多且強也。故諸苗多尊奉之。今無土司管轄，以田主為頭目，尊曰某官，其內曰官娘。大定府屬最多，郎岱、鎮甯、永甯、興義、普安、仁懷各府廳州縣亦有。

猓玀女官附

黑猓玀正妻稱曰耐德。其子非耐德所生不能承襲，如子幼不能主事，耐德即為女官，代理土務。女官之始自明洪武五年，貴州宣慰使靄翠死，子的幼，其妻奢香代立。副使宋欽死，妻劉氏名贖珠亦代立，劉氏多智術。十七年，馬燁以都督鎮守其地，政尚威嚴，欲盡滅諸羅，代以流官。乃以事裸撻奢香，欲激怒諸羅為兵端，諸羅果憤，怒欲反，劉氏聞止之，為走愬京師。上召問，令入宮。見高皇后，復令折簡招奢香，香至詢故，上曰："汝誠苦馬都督，吾為汝除之，然何以報我？"香叩頭曰："願世世戢諸羅，令不敢為亂。"上曰："此汝常職，何云報也？"奢香曰："貴州東北有間道，可通四川，梗塞未治。願刊山通道，以給驛使往來。"上許之。謂高皇后曰："吾知馬燁忠無他腸，然何惜一人不以安一方也？"召馬燁還，數其罪，斬之。遣奢香等歸。諸羅大感服。為除赤水、烏撒道立龍場九驛達蜀。二十九年，香死，朝廷遣使祭之。康熙四年，改土歸流，四十八目之名猶存。相沿至今。土目死，其妻代理土務。諸羅稱曰女官。女官編髮為髻，用青帕旋盤，若笠。以銀絲花貼額，耳墜大環，拖長裙三十六幅。每出巡，紫衣白馬朱旛。途中憩息，即以蠻奴俯伏為坐杌。

第二種 白猓玀

白猓玀，又名白蠻。在昔安氏盛時，猓玀分三種。剛夷最賤，世為臣僕，即土兵。白夷次之，世為把目（宣慰司舊統四十八部，部長曰把目）。黑夷最貴，世為酋長。猓玀之俗，愚而戀主，即虐之至死，終戴之不敢貳。故自改土歸流後，黑猓玀仍稱大姓為貴。白猓為下姓最賤。一切婚嫁、貴賤不相紊也。男女服飾與黑猓同，惟纏頭用白花布巾。見其主，必左肩拖羊皮一方。飲食無盤盂，以三足釜，灼毛齰血。無論鼠雀蚳蝝蠉動之物，攫而燔之，攢食若彘。不通文字，結繩刻木為信。死以牛馬革裹屍而焚之。在大定、黔西及永甯州募役司皆有之。居普定者，別名為阿和，俗仍同。以販茶為業。

昔濟火以一荒陲土帥，當武侯渡瀘之日，知大義，明王章，以助順樹勳，崛起一隅，為蠻王長。其後子孫能率乃祖之攸行者，唐有阿佩，宋有普貴，皆納土來庭，復襲王爵。元有阿畫，賜名帖木兒卜花，以軍功加資善大夫，授順元等處宣慰使，封龍虎大將軍。羅甸侯卒，贈濟國公。明有靄翠，為貴州宣慰使，設治會城。其妻奢香，開龍場九驛，有功於黔。正德間，有安貴榮，以宣慰使加忝政。時王文成公謫龍場驛丞，貴榮餽金帛、鞍馬並柴米諸物，文成慮傷遠人之意，受柴炭及米而已。巡撫王質遣人至龍場，陵辱文成，貴榮使夷人困之，尤為傑出。天啓二年，土同知安邦彥，挾宣慰使安位叛，崇禎元年，總督朱燮元討平。順治十五年，大兵取滇，安坤為嚮導，授宣慰使。康熙四年，坤反，討平之。設新疆三府（大定、黔西、平遠）四十八目，至今尚存。方諸播州楊氏，梟獍負嵎，一敗乃絕，不啻天壤。故以猓玀冠諸苗之首。

第三種　青苗

黔南各種苗蠻，由來最久者，惟苗。昔炎帝娶赤水之女聽訞，生炎居。赤水即今羅斛紅水江，蓋上世貴州地，常為聲名文物之邦。故其君長與帝室聯姻。及蚩尤代炎帝為政，尚利好殺，不恥淫奔，民間化之。於是跳月、劫奪之風起矣。及高辛氏之衰，有三苗氏者，據洞庭、彭蠡間以為國。復行蚩尤之政，又好詛信鬼，其威勢所及，被於今滇、黔、蜀、粵。民皆從其化，於是聲名文物之邦，遂成蠻俗。而苗之名，亦由此起。久之，各以衣服別其種類，於是有青苗、紅苗、花苗、白苗、黑苗等三十餘種類。青苗衣尚青，男子頂竹笠，躡草履。出入必佩刀。未婚者剪腦後髮，娶乃留之。婦人以青衣布製如九華巾蒙首，衣上及腰裙下掩膝。聚以跳月，與花苗同。喪葬、結姻，俱以牛馬為禮。病不服藥，惟祈鬼信巫。多依山箐而居，又名箐苗。不善耕，惟種山糧，雜麻子為食。男女衣服皆以麻皮自織。在長寨者性畏病，一人有病，則合寨入山避之。通曉漢語。性強悍，好鬬。經大創後，然猶知畏法，不敢為盜矣。貴陽各屬多有。在府屬者居麥西、中壩、蘆塘諸寨，如普定鎮、甯清鎮、安平、黔西各州縣皆有。

按青苗自元明以來，雖不大為亂，不過羈縻而已。然仇殺劫掠之風在所不免。嘉慶五年，廣順青苗作亂，巡撫覺羅埌公玕遣撫，標忝將雙某守廣順，忝將李某剿之，李某至海村，焚擺雅、蟲蟻、滚塘、蔭箐四寨，餘黨皆降。賊既平，設長寨右軍守備，駐廣順城，以資彈壓。

第四種 紅苗

紅苗自嘉慶元年剿平後，男皆薙髮，衣服悉用斑絲織成，製仿漢人。多不留鬚。婦女頭必裹布，耳帶大環，項帶銀圈，自一二圍至五十餘圍不等。上著窄袖短衣，鑲花邊，下著摺裙。無中衣，不裹足。習耕種，勤紡織，養家蠶，織板絲絹及花布錦以為業。婚姻、喪葬與漢人漸同。以遺衣服裝死者像，擊鼓歌舞，名曰調彭。五月寅日，夫婦異宿，不敢言，不出戶庭，以避虎鬼，忌虎也。惟性最剽悍，重財輕命，知禮義者少。雀鼠微嫌，睚眦小怨，輒聚衆持械，一日成仇，累世不忘。名為打冤家，又或捉人吊打，勒錢以贖，惟不捉毆婦人，懼與其母家為仇。故黠苗相鬪，往往以婦人先相爭者，多以喫血解或因本人喫血難憑，則指其親族某人喫血盟誓，名為黠血，延巫請神以監之。大則宰牛狗，小則用鷄貓。喫血後，永無反復。苗俗尚鬼故也。近來頗知畏法，惡俗漸更，而餘風猶未盡泯。惟銅仁、松桃最多。有吳、龍、石、麻、白五大族，餘則有唐、賀、楊、歐四姓。

按紅苗惟松桃尤多。向以廳境為巢穴，界連黔、楚、蜀三省，謂之三不管地。叛服不常，由來久矣。康熙四十二年、雍正八年、乾隆初年屢討之。十七年則白玉保、二十四年則白老求、四十七年則勾布涼水苗匪等踵起為逆，頻煩師旅。六十年，逆苗石栁鄧糾結楚苗為亂，嘉慶元年，乃討平之。二年，於坡東、坡西地方增設苗守備、苗千總、把總、外委共一百七十九名，土百戶二十八名，土寨長四十四名，互相控制。六年三月，逆苗白老寅等叛於石峴，巡撫伊赴銅剿辦。布政使常、黎平府程督兵破之，餘黨就撫。於石峴設屯軍，百戶衛千總一員，撥駐營千總一員，兵一百名。

第五種 花苗

花苗衣用敗布，緝條以織，無襟扣而納諸首。男以青布裹頭，婦人斂馬鬉尾雜髮為髲，大如斗，籠以木梳。裳服先用蠟繪花於布，而後染之，既染去蠟，則花見。飾袖以錦，故曰花苗。跳月以孟春，植冬青樹於跳場，綴以野花，名曰花樹。男女皆艷服，男吹蘆笙，女振響鈴，踏歌跳舞，繞樹三匝，名曰跳花。跳畢，女視所歡，或巾或帶，與之相易，謂之換帶。然後通媒妁，聘資視女之妍媸為盈縮。女嫁數日，即回母家，生子然後歸，謂之坐家。喪則以死者衣服向屋角呼之，曰復。屠牛召戚友，各攜酒肉為賻，環哭盡哀。葬不用棺，斂手足而瘞之。卜地，以雞子擲之，不破者為吉。病不服藥，惟禱於鬼。謂其巫曰鬼師，鬼師乘是以愚之。或宰牲礫雞，或殺牛，雖極貧，亦必稱貸而為之，往往以此破家産。終不悔悟。以六月為歲首。其性戇而畏法，苗中之最純良者。男子勤耕，婦人織麻為業。在貴陽者，居龍場、豬場、鷺絲、羊堰諸寨。所屬州縣多有。其餘安順各屬及獨山、三腳、施秉、天柱、黎平、永從、大定、水城皆有。

按黔苗三十餘種，而獷猂、純良，各以其類。如紅、黑苗、谷藺、九股、紫薑、九名九姓、陽洞羅漢等苗，與鎮遠、都勻、黎平各種生苗，最為患者也。若花苗、白苗、牯羊、東、西、洪舟、擺榜、短裙等苗，皆可以鞭箠使者也。而東苗乃有天順三年千把豬之亂，白苗亦有康熙三十八年都勻之役，若花苗多與黎平、獨山、施秉等處生苗雜處，未聞有反者。非他苗好逆，而花苗恭順也，蓋黎平等處生苗地廣而富，有恃不恐，而花苗勢弱多貧，不敢為非。尚論黔苗之純良者，當為花苗首屈一指。

第六種　白苗

白苗衣尚白，短僅及膝。男子科頭赤足，婦人盤髻長簪。婚嫁、跳月與花苗同。祀祖擇大牯牛頭角端正者飼之，及壯，屆冬聚各寨共鬭於野，勝則為吉。掛紅帛於牛角，卜日，牽至打牛廠中，立木竿，上紮冬青葉，以竹繫幡於上，主祭者白衣、青套、細摺、寬裙，合親族男女，繫牛於木樁，延巫師，戴紅帽，手持刀，引穿紅衣苗女二人，手持張開雨傘，同主祭者繞幡竿三匝，以刀授主人壻強者，接刀上前，屠牛。有德色懦者，畏縮不進有愧色。祭畢，合親族吹蘆笙，高歌暢飲，以為樂不勝者。宰牛分食之。其性戇而愚，轉徙不常。為人傭役墾田，往往負租而逃。在貴陽者，居中曹司、高坡、石板諸寨，所屬大塘、廣順、龍里、貴定亦有。外屬惟安平、清江、都勻、黎平三處有。

按白苗之亂，見於《黔省通志》，惟康熙三十八年，都勻白苗甲多等寨作亂，巡撫田雯命忝將張應金勦平之。

第七種 黑苗

黑苗衣尚黑，短僅及膝。頭標白羽，耳環項圈。男女皆挽髻向前，綰簪戴梳。男勤耕作，種糯米。又善養馬以謀利。婦女短衣、花袖，額勒銀花皮。其耳環項圈，以多者為富。所繡布曰苗錦。婚姻，姑之女，定為舅之媳。若舅無子，必重獻於舅，謂之“外甥錢”，又謂之“還種錢”。否則，終身不能嫁人。死則以大木二鋸為四，擇高岡深坑，以一木作底，旁置兩木，昇屍其中，一木覆其上，掩土深瘞之。十二年一祭祖，富者以牛，貧者以豕羊雞犬。十年畜牝牛祭天地，謂之吃牯藏。食糯米飯、野蔬，艱於鹽，以蕨灰濾水代之。得死鳥獸及蠕動之物，雜米納甕中，俟蝍蛆臭腐窖之，或為醇菜，珍同異味。在鎮遠者，族大寨廣，愚而狡悍，往往逞兇、爭鬪。都勻、鎮遠兩府所屬最多，餘惟黎平、永從有。

黑苗有生熟之分，生苗據險而居，不事耕作，專以劫奪為事。熟苗富者，耕作之暇種樹、養牲以謀利。貧者多在城與漢人作雇工。往者生苗叛亂，以熟苗悉城中情形、路徑，逼脅作引線，然苗性疑而多詐，大兵既臨，苗或務農方急，或缺糧待援。乃詭言願授招撫，以緩兵。用兵別無他能，惟以昏夜襲城劫營為奇計。雍乾間，張中丞廣泗開闢苗疆，深悉苗性，往往因計就計，所至之處，勢如破竹。後之有事苗疆者，《張中丞傳》不可不讀。

第八種 克孟牯羊苗

牯羊苗亦三苗氏之種類。先居廣順，克孟、牯羊二枝，故名。擇懸崖洞穴而居，不設牀第，搆竹梯上下，高者或至百仞。耕不用牛，以鐵鎛代犁發土，耰而不耘。男女躧笙而偶，生子免乳則歸其聘財。親死不哭，笑舞高歌，謂之鬧屍。明年聞杜鵑聲，則舉家號泣，曰鳥猶歲至，親不復還矣。性純樸，稀見官長，輸租服役比於良民，故多貧。惟廣順、金築司有。

第九種 陽洞羅漢苗

陽洞羅漢苗，在黎平府。男子薙髮，耕作、貿易。住西山陽洞司。最敬彌勒佛，故呼為陽洞羅漢苗。每三月三日，男女攜食物登山供佛，歌舞三日，不食煙火，以應寒食之意。婦人綰髻，額前有揷木梳。富者以金銀作連環墜耳。養蠶織錦為衣，繫雙帶結於背，胸前刺繡一方，以銀錢飾之。長裩短裙。數日必淅水沃髮。婚姻不避同姓，姑家養女，定為舅媳。否乃卜他族。母家嫁女，助奩以田畝，終女之身，仍歸母家，相沿已久，未能盡禁也。遠者為生苗，頭戴狐尾，披髮於後。衣短衣，佩刀弩，小隙輒操戈，與紅苗、黑苗、谷藺、九股並各種生苗，最為患者也。

按前明洪武五年，黎平皮林苗吳國佐反，陽洞苗叛應之。指揮李楷破賊於銅關鐵寨，諸苗悉平。景泰四年，婆洞賊勾結陽洞苗，由石榴山攻掠古城鄉，忝政甄完擊敗之。諸苗畏，乃就撫。康熙四十三年冬，陽洞苗黃明謀叛，尋捦獲伏誅。雍正七年，開闢古州後，不敢為亂矣。

第十種 谷藺苗

谷藺苗，惟定番州有。居穀藺場之鴨寨，故土人又呼之為鴨寨苗。男女皆短衣，婦人以青布蒙髻，耳墜大環，有裙不常著，閒時惟短衣大褲。工紡織，其布最精密，每遇場期，抱布出市，人爭購之。故諺有："欲作汗衫褲，须得谷藺布。"男子性凶頑，善擊刺，出入必挾鎗弩，諸苗皆畏之。屢經懲創，近日男子皆漢裝，而挾鎗弩之風泯矣。

按谷藺苗自明季至今，叛服不常。光緒四年六月，有苗巫吳情高者，其女年已及笄，亦習父術，勾引苗中少年男女入洞燃燈拜佛，自號為仙姑。揚言於衆：能指草變刀矛，揮扇避鎗炮。煽惑驟聚千餘人，出洞燒殺擄搶附近漢民。中丞黎公聞之，命記名總兵何雄輝帶兵迅往，一戰而首逆等被捦。其餘脅從者，畏罪藏匿各洞。乃檄余往署州事，並招撫脅從，緝拿漏逆，余星馳赴任，旬日之間，招撫者十餘洞，命各歸舊寨，妥為安置。十月，有漏網逆首吳力保復聚衆，潛匿弄平洞，欲圖報復。余會同何軍團衆，破洞捦獲。將解省城，團衆因前遭逆等害，恨之切骨，人人欲得，而甘心立請就地正法示衆。余與何鎮為衆所脅，商同允許，以順民心。是役也，救出被脅苗民三百餘人，獲賊糧一百數十石。時有老苗陳三者，年八十余，余問逆等起衅之由，據陳三言，雖因惑於妖術，蓋亦有數存乎。其中，谷藺苗六十年必一蠢動（查《黔志》等書，確有實據）。雍正年間，哈將軍（元生）討平後，軍中有善風水者言："欲此苗久安長治，须封禁弄平等洞，鑿平某處山頭"，後將軍被議去，只將弄平洞封禁，勒碑紀其事。同治八年，逆苗陳喬生之亂，復開此洞，而碑亦毁。余曰："風水家之說固然，然苗民之凶頑由不讀書故也。"余乃清理逆產，並所獲賊糧。於谷藺等寨，各設義學，則儒教興，而悍俗自化矣。又剴切勸諭苗民改漢裝，習漢禮，並稟請封禁弄平等洞。當是時，苗民莫不感激樂從，爭自濯磨，以待上之教化。未幾，余亦遭讒去任，又不果行。苗民嘆曰："是天不欲我等改漢耶！"余起程日，相與泣送數十裏，噫！理真不勝數耶！附此，以告後之牧是邦者，勿謂苗民愚頑不可以理諭也。

第十一種 紫薑苗

紫薑苗，男子衣服與漢人同。婦人挽髻，以青布纏首，短衣短裙，與獨山州之九名九姓苗同類。狠詐而饕詖。以十一月朔為節，元日忌門不出，二七而解。犯者以為不祥。夫死，妻嫁而後葬，曰喪有主矣。輕生好鬬，如獲仇人，輒生啖其肉。在開州者，性久馴。稼穡之外，惟務漁獵。廣順、都匀、平越、甕安、麻哈等處皆有。

按紫薑苗與清平偏橋之九股苗最為民患。自明以來，叛服靡常。順治四年，都匀紫薑苗藍二糾衆反，攻陷甕安、黃平，復圍平越，故明總兵張才擊走之，旋就擒戮於市。康熙八年，定番谷藺苗糾合紫薑作亂，甘忠果公督兵進剿，苗等憑險拒之，公出間道，抄其後賊，遂潰破其巢，斬甚衆。賊奔阿魯山，公使副將冶秉忠搜山斬賊首於陣，餘黨悉平。雍乾間，新疆苗亂，紫薑苗多叛應之，屢用兵剿平。嘉慶二年，興義狆苗叛，廣順紫薑苗叛應之，程公卓樑帶兵至，旋就撫。五年，廣順青苗作亂，紫薑苗亦附從，巡撫覺羅埌公玕遣將帶兵剿平，餘黨皆降。

第十二種 八寨苗

八寨苗，亦黑苗種類。久居八寨，故曰八寨苗。男子挽髻綰簪，衣青，短衣赤足。女子挽髻向前，揷梳。以色布鑲衣袖，胸前繡錦一方護之，細摺短裙。各寨野外，均造一房，名曰馬郎房。晚則未婚男女相聚其中，歌唱歡悦者，以牛酒致聘。出嫁三日，仍歸母家，或半年一載，向婿索頭錢，若婿無力措辦，則將女改嫁。有婿女皆死者，仍向其家索之，謂之鬼頭錢。男子性獷悍。耕作之暇，惟事漁獵。惟八寨有。

按八寨為都匀之要隘，丹江、清江、古州之咽喉。窟穴其中者為黑苗，又名八寨苗。往者半隸夭壩土司，歷代以來，叛服不常。康熙二十一年，將土司夭天祿戕害後，雖改屬都匀府，而流土俱不受制，與化外無殊。楊排、楊堯、乜告、楊烏四大寨，恃強恣肆，附近小寨皆為役使。又番仰、番扛、擺卓等十餘寨與丹江諸生苗勾結，剽掠其地。既為苗疆之肯綮，其苗又屬梗化之渠魁。欲靖苗疆，宜從八寨始。雍正七年正月，總督鄂文端公謂："生苗不亟加懲治，匪獨為苗害，且大為民害"，既審地勢，察苗情，詳悉具奏，調貴州按察使張廣泗赴滇，授以剿撫機宜。五月，廣泗由貴陽率兵赴都匀。六月，營於八寨隘口，不遽加兵。張示開導，冀其悔悟，有代理、代省等四十餘寨詣營就撫。而楊排等寨抗拒如故，且脅數寨為援。於是督兵攻擊，而楊排等寨諸賊皆逃匿。七月，移兵開丹江。八月，廣泗奉命巡撫貴州總督，復以機宜咨授，率兵分剿，陣斬無算。各寨苗皆震讋。刻木輸誠，廣泗示諭，除首惡不宥外，餘許就撫。八寨既平，隨建城設官，隸都匀府。

第十三種　九名九姓苗

九名九姓苗，在獨山州。獨山，漢為牂牁郡地。元置獨山軍民長官司，屬新添葛蠻安撫司。明洪武十六年，改置九名九姓獨山州長官司，屬都匀衛。永樂間，改直隸布政司，尋還屬衛。宏治七年，陞為獨山州，屬都匀府。

國朝因之，是苗即九名九姓長官司之部落也。性狡詐，嗜殺。每多假捏姓名，以便逃罪。喪葬婚事宰牛聚飲，醉必相鬬，輒以干戈敵之。受傷者獻酒納牛以請和。婦女種山為務，服飾、風俗與紫薑苗同。他屬無。

按都匀所屬各苗，惟九名九姓與紫薑、夭壩、黑苗最強悍不法，久為民害。前明洪武二十五年，九名九姓苗亂，命何福平之。宣德九年，九名九姓苗叛，都指揮顧勇破之。嘉靖十五年，九名九姓等苗據凱口屯稱亂，巡撫陳克宅調土漢官兵三萬，集屯下，屯故絕險，攻三月不克，乃先招降附近四十九寨賊，稍離散，用順苗作內應，破其屯。以地屬都勻府，改屯曰滅苗屯。十六年，餘孽復萌，攻據前屯，都禦史汪珊仍調土漢官兵三萬破其屯，賊悉平。康熙十一年，凱里九名九姓苗亂，甘忠果公撫定之。二十一年，九名九姓合羣苗殺天壩土司，於是流土俱不受制。雍正五年，總督鄂文端公議開古州，檄貴州按察使張廣泗赴滇，授以方畧，謂欲靖苗疆，宜從八寨始，廣泗以五月率兵進剿九名九姓等苗，各苗素未經大敵，官兵至即，相率請降。

第十四種　洞苗

洞苗在古州者，有黑洞、白洞之分。男子近皆薙髮，習漢俗。所在多擇平坦之地而居，以種棉花為業。婦女頭包藍帕，穿花裙。於農隙時，則比鄰婦女湊油會鐙絡絲以備。日間織洞錦、洞帕，頗精工。在黎平者，向化已久。男子耕鑿頌讀，與漢人無異。其婦女漢裝弓足者，與漢人通婚姻。下江、清江亦有。明洪武三十年，古州洞苗林寬自號小師，聚衆作亂，命左都督楊文為征蠻將軍，統京衛江湖兵往征。擒林寬，送京師。康熙五十年三月，蔡江洞苗老吳大田等作亂，先是提督王文雄題改黎平頂洞，汎移駐蔡江，名為西山營，洞苗忿占其地，乃自毀房屋　以示不服。至是因催辦木料，騷擾苗寨，老吳等遂殺兵役，圍其營，鎮遠遊擊王國印救卻之，繼遣千總馬似龍諭降，誘擒其首惡。西山營守備亦坐革職，裁其營。

按《黔志》載，黎平之曹滴司出洞錦，以五色絨為之，亦有花木禽獸各樣，精者甲他郡。湅之水不敗，漬之油不污。是夜郎苗婦之手可與堯時海人爭妙也。余初閱《黔志》，以為言之過譽，後於咸豐己未幫辦石阡府軍務，八月帶兵督團攻四寨屯踞匪，有思南某團首以舊錦為臥具，問之，即洞錦也。卍字夔龍穿花紋精緻而雅，雖不及宋錦與宣和錦，較今蘇杭之七彩五彩錦，雅俗不啻天淵。以紅呢被面易得之，欲帶回省，製琴囊後，於冬月次楓香屯，賊夜襲營，敗績，失去。惜哉！後又覓得，乃近年新錦，不及舊錦多矣。

第十五種 高坡苗

高坡苗，又名頂板苗。衣黑衣。喜種山秔。婦女以木板尺詳綰於頭髮上，故名頂板苗也。婚姻以苟合。婦女勤紡織，尤善染其青藍色，經洗其色不退。在下江、開泰、永從三屬。

按雍正十一年三月，提督哈元生進剿九股頑苗，高坡苗助逆拒敵。三月十二日，哈公移駐台拱，咨左江鎮霍公昇會剿番招，番招者，高坡苗寨也。其旁曰陽遼，曰交汪，曰烏腳，凡數千人，與九股賊築土城於蓮花屯，高二里許，廣倍之。四面皆深箐，聚積米穀牛羊可支數年。推其渠白黨為主，併力死守，我兵屢攻不克。二十五日，哈公至番招，二十八日，哈公親自臨陣，分兵六路進攻，賊不能支，遂破其屯，斬獲無算。番招既破，搜剿各箐，日獲百餘人。高坡平，九股各苗皆面縛赴營投誠。五月二十五日，班師。始開闢下江設營，置汛駐黎平府潭溪司吏目一員。乾隆三十六年，因滾唐逆苗香要滋事，裁吏目，將貴陽府新城通判改駐下江營，左哨二司、把總一員、戰守兵丁四十三名彈壓。

第十六種 黑生苗

黑生苗，在清江所屬。衣尚黑。男子畜髮挽髻於前，短衣赤足。婦女亦挽髻向前，耳墜大環，短衣短裙。以種山糧為事。男子性兇惡，訪富戶所居，夜則聚黨明火，執青鏢刀刃劫之。凡出劫富者，出牛酒以集衆，有獲則中分之。遇殺死出銀以償之。被虜者，必索金贖。少則加以非刑。自雍正十三年懲創後，亦知守法矣。

按清江為黑苗境也。以上、下九股為門戶，丹江、八寨為藩籬，與施秉舊縣接壤。明萬歷時，結連播州楊應龍為亂，大肆焚掠。順治十六年，殺施秉縣知縣趙玉奇，鎮遠、黄平居民悉遭蹂躪。遷施秉縣於偏橋以避之。康熙間。屢次用兵，後稍歛戢。而時剽掠行旅，以故清江上通重安，以達都匀，下通黔陽，以會朗水，舟楫往來，較舞水為便。而商賈畏苗賊，不敢行。雍正七年春，總督鄂文端公駐貴陽，以八寨、丹江既平，檄鎮遠府知府方顯招撫九股，次及清江，又令副將張禹謨領官兵彈制之。於是，顯等親歷諸寨宣佈皇威，上、下九股先後就撫。及抵清江，有江外、公鵝、柳利、鷄擺尾等十餘寨素相結連，復有漢奸嗾之曰："若歸漢官，彼且重賦繁役以魚肉。若不如固守，官兵即至，彼饑若飽，彼勞若逸，可以坐困。即相攻，併死力以禦，亦可圖存。"於是攻劫官兵，勢甚猖獗。總督聞警，調各路兵，從巡撫張廣泗進剿，兼示機宜，分兵三路，拔橛填阱，以擣賊巢，縱火焚其居。賊大潰，四山號泣，願擒凶首獻漢奸就撫。由是清江悉平。以公鵝寨據清江形勝，就其地建城，設官，隸鎮遠府。十三年，復叛，揚威將軍哈公元生討平後，悍獷之習漸革矣。

第十七種 鴉雀苗

鴉雀苗，男子挽髻，衣青衣，以白布鑲胸前及兩袖、裙邊。喜居山嶺，種山糧為食。親死擇高山頂為佳壤，其言語似雀音，故名鴉雀苗也。有事畏見官，惟決於鄉老之言。先貴陽府屬有，今已遷於他處。在仁懷廳者，性頗涫，隨所佃之土為居，遷徙無定，仁懷、綏陽兩縣有紅頭、鴉雀、馬韉等名。

第十八種 黑山苗

黑山苗，多散居懸崖峭壁間。衣服皆尚黑，故曰黑山苗。性頑蠢，男婦皆畜髮挽髻於前，跣足。刻木示信。不事耕作，每以擄掠致富，能卜草茅卦，預知吉凶，以為趨避。常食糯米，蒸飯捏團，以手掬食，無匙箸。食蔬菜，少用鹽，以草灰濾水代之。婚姻以牛馬為聘，娶妻祇育一子，多即淹之，以為無産業給養也。其祭祖喫牯臟，與黑苗同。在古州、開泰、永從三處。在永從者，居西山窵遠地方，未習漢語，服食甚陋，鮮入城市，無土司管轄，遇一苗爭訟，則諸苗互罰之。

按黑山苗在古州，地闊山峻，其類繁衍，叛服靡常。自漢至隋，羈縻而已。唐置古州，屬嶺南道。五代時，復陷於蠻。元至正中，設古州八萬軍民總管府。明洪武時，以外古州設潭溪、龍里、曹滴、永從等十四長官司，里古州遂棄之化外。於是，諸苗日事仇殺，內地奸民以為逋逃藪。雍正七年，總督鄂文端公既平八寨、丹江、清江，遂咨巡撫，張廣泗由清江進取古州。七月，廣泗兵至岑隴阪，取道黎平，以進古州，羣苗結岑梗梅，得二塞及附近山苗萬餘人拒官兵，廣泗令黎平副將趙文英等攻破二寨，令黎平知府張鉞等，率土漢兵護芻糧進屯岑隴，古州故分上中下三保，諸葛營在其中，廣泗入據之。諸苗見皆驚曰："諸葛營老子復至矣！"相率羅拜，獻酒食降。廣泗回省監臨，令文英等駐諸葛營。文端公聞報，謂"諸苗未經懲創，終為後患"。回雲南復書曰："愚非好殺，但恐今日不殺少，後日將殺多。如果恭順，何須加兵？其餘不恭順者，則無姑息也。"八年，苗果復叛。尋討平之。乃建古州城於諸葛營。

第十九種 水西苗

水西苗，惟古州有。衣尚青。病不服藥，信巫鬼。男女衣衿以絨錦為之。錦乃婦女自織，名曰"武侯錦"（錦用木棉綫染成五色織之，質麤，有文采，土人相傳武侯征銅仁蠻不下，時蠻之兒女患痘，多有殤者，求之武侯，侯教織此錦為臥具，立活。故至今名之曰"武侯錦"）。古州地方有洞苗、黑山苗、水西苗、猺、獞五種，滋生蕃衍，戶口較倍往時。舊例，大寨稱爺頭，小寨為洞崽，洞崽聽爺頭役使，每年有豚酒之餽。婚姻各分寨類，小寨私與大寨結婚，謂之犯上。大寨知之，則聚黨類，盡奪其產業，至有傷命者。今此風久禁止矣。

按水西苗與黑山苗，舊為化外生苗。雍正七年十二月，古州來牛、定旦二寨以諸苗叛，二寨地廣人衆，在諸苗中尤為兇悍。時總督鄂文端公遣官修都江繂道，二寨以繂道成，官兵可以出入，不利於己，乃誘合革、招革等數十寨水西苗以阻之。副將趙文英遣土舍林天錦、吳和禧招撫之。和禧為所殺，文英請益兵堵禦。文端公奏請討之，且謂都江一水，在古州諸葛營之南，由諸葛營西泝流為上江，可達都匀，東沿流為下江，可達廣西柳慶，濱江山洞諸苗，多未歸服，非用粵兵協勦，難以開通。乃調慶遠、永寧兵由沈口進會文英軍，泝都江而上，以通水路，以獨山知州孫公紹武等率兵，由三足屯取來牛，以拒上遊。八年正月，往攻定旦，賊衆大潰，進焚其巢。諸苗皆竄入林谷，沿河四十餘寨水西苗，皆震慴來降。

第二十種 清江黑苗

清江黑苗，男子以紅布束髮，戴銀圈，大環耳墜，寬袴，好著錦袍。婦女挽高髻，以青布一幅蒙頭，衣青，短衣花裙。男女皆跣足。廣種樹木，每以漢人通商，稱曰同年。未婚男子稱曰羅漢，女子曰老陪。春日晴和，攜酒於高崗，歌舞歡悅，男唱女和。相愛者，飲以牛角酒，遂奔焉。男子生子後，乃曰有後人。始耕作，自經懲創後，男子多改漢裝，惟婦女仍習舊俗。

按清江黑苗有生有熟，惟黑生苗最兇頑。雍正七年，黑生苗脅黑苗為亂，盤踞柳羅山，其山聳峙江濱，為羣苗出入之要隘，當水陸之衝。總督鄂文端公檄知府方顯等前往招撫，黑苗等爭先降附，惟江外公鵝苗與柳利、雞擺尾等十餘寨連結，漢奸嗾之，潛渡江攻官兵。巡撫張廣泗進剿，悉平之。十三年，黑生苗復脅黑苗叛，圍柳羅營，副將曾長治等力禦之，被困逾半載，揚威將軍哈公元生飭副將柳定國等進剿，曾長治亦發兵夾擊，柳羅圍解，清江始平。先是雍正七年平定苗疆後，以公鵝寨據清江形勝建城，設同知駐其地，旋以同知移駐台拱，改通判治焉。

第二十一種 黑腳苗

黑腳苗，惟黎平府有。男子短衣大褲，頭挿白翎，出入三五成羣，持鏢帶刀，以搶劫能者為善。或三十家、五十家據險而居，以防戈獲。每一處合募一勇士，號曰“老虎漢”，飲食供奉有加焉。戰則“老虎漢”當先指揮調度。合諸苗計之，為“老虎漢”者，不知其數。遇疑難事延巫者，以田螺二枚置盆中，觀其相鬪，以卜吉凶，每多應驗。呼曰“軍師”。婦人夫死不再嫁，或男子不事劫奪者，則女不嫁之，其惡習如此。

按黎平苗惟黑腳苗最強悍。前明宣德十年，設五開衛、六新軍以禦苗。終明之世，屢征不服。康熙元年八月，歸弓寨黑腳苗亂，提督李本深討平之。五年，湖廣通道縣苗吳老潘僭稱王號，黑腳苗等叛應之，尋討平。八年正月，田心等寨復亂，鎮遠副將石玉貴等合兵討平之。三十年十二月，高洞黑腳苗金倒、大倉、晚掛、補哄等劫殺行旅，知府張瀲遣吏目劉洊往緝之，副將侯奇遣兵同往，苗以為勦己也，遂殺洊及官兵二十餘人，合十數寨俱反。三十一年二月，巡撫衛公既齊討平之，晚掛等伏誅。刻張歛、侯奇激變，並論斬。雍正七年，經巡撫張廣泗大創後，開闢古州，增設古州同知。乾隆三十六年，又增設下江通判。禦苗之法，至周且密，苗始知畏法。男子多薙髮，耕作。惟婦女服飾仍如其舊。

第二十二種 黑樓苗

黑樓苗，本黑苗一類，故男女服飾與黑苗同。性強悍，嗜仇殺。合鄰近諸寨共於平原處造一樓，名曰聚堂。用一木長六、七尺，空其中，懸於層頂，名曰“長鼓”，凡有不平之事，即登樓擊之，各寨相聞，俱帶鏢弩，齊至樓下，聽寨長判決。有事之家，備牛酒以待之。如無故擊鼓，則罰牛一隻，以充公用。在八寨、清江。

按雍正七年，按察使張廣泗既平八寨，移兵丹江，而已附之黑樓等苗，為丹江苗煽誘復叛，廣泗請益兵，總督鄂文端公飭定廣副將蘇大有統各營，並靖蠻大礮送行營，飭廣泗等以羣苗負險狡詐莫測，天時可承，地利宜審，近功速效，亦思遠圖。凡事知難斯易，視易轉難，務須慎重。八寨與丹江聲勢相倚，而丹江在內，八寨在外，非大創八寨，使其弭耳帖尾，恐苗情反復不常。欲進丹江，輒為所阻，即不然而我兵已入丹江，兩地逆苗更番擾我，益滋掣肘。廣泗遵照機宜，率兵先勦甲些、烏歸第（等）十餘寨附賊之黑樓等苗，詗得丹江苗來助，伏兵待之，苗果蜂擁而至，猝遇伏兵，驚潰。大破之。黑樓苗懼，請獻首惡就撫。

第二十三種 生苗

生苗，多野性，所食皆生物。牲畜不宰，多掊殺，以火去毛，帶血而食，即魚蔬，亦以微熟為鮮，故名生苗。無絮布，雖大寒亦披氈一片，或犬羊之皮，袤廣三尺許，風從左至，則披左肩，風右至，則披右肩。或掩於胸，或負於背，皆視風所至。居高山大箐中，不產稻。惟食苦蕎、雜糧。在黃平、施秉等處。俗與紅苗畧同。

按康熙四十年，黃平革夷苗奴計羅尤等拒捕，傷凱里都司胡安國，殺土官何瓚遠，巡撫王公燕遣兵剿之，奴計等伏誅。雍乾間，屢次用兵。道光末年，犵夷苗鮑惡聚衆劫掠，時胡文忠公守鎮遠，帶兵誘擒鮑惡並逆黨五十餘人，親自解省正法。並請兵搜捕餘黨，巡撫某公方粉飾太平，不許。公以去就爭之，卒不聽。公憤引疾去，臨行謂同官曰："黔中從此多事矣。"咸豐六年，下游苗變，鮑惡遺黨高鶴與山丙苗九松叛應之。陷黃平、施秉。七年，川北鎮蔣公玉龍帶兵至鎮遠，與署知府吳公登甲會剿。八年正月，蔣公升任貴州提督，奉命移師剿辦。思南號匪，適賊勢猖獗，內無餽外無援，吳公與署縣張公淮惟憑忠義，激勵士卒，捍衛孤城，賊至每多斬獲。八月二十九夜，賊糾大股襲陷衛城，署鎮楊啟賢潛逃。賊踞衛城，併力以攻府城，衆寡不敵，吳張二公皆戰沒，府城亦陷。同治七年，貴州按察使席公寶田督楚軍收復。

第二十四種 九股苗

九股苗，本黑苗。相傳武侯南征，戮其種殆盡，餘九人，居台拱。後子孫蕃衍，分為九支，故曰九股。近丹江者曰上九股，近施秉者曰下九股。寨密人衆，土沃性悍。男子頭頂鐵盔，身裹鐵鎧，約三十觔許。尚能左執牌、右持標桿、口啣利刃，捷走如飛。鎗重十餘觔，鉛子發至百步外，挽強弓曰偏架，長六、七尺，三人共張矢，無不貫。皆此類也。明季屢征不克。

國朝定鼎，初猶竊發。康熙辛酉，大師整旅，貴州始歛跡。然以強陵弱，自相仇殺，屢世不休。雍正七八年間，鄂文端公平八寨、丹江，開清江。九年，古州上下江悉平，而九股梗化如故。十年，總督高公其倬、巡撫元公展成會，檄按察司方顯領兵建古州城，招撫九股羣苗，苗偽恭順，日夜刈穫，及農工畢，城築數板而叛。十一年，提督哈公元生領楚粵兵討平之。十三年，復叛。數月間陷清平、黃平、餘慶、清溪等州縣，焚掠鎮遠、思州二府。村寨犷難制伏，猖獗愈甚。是年十月，張廣泗經畧軍務，以賊首聚集九股清江之間，分兵三路進攻，已而皆捷。台拱、清江既克，以次剿平丹江、古州等處。迄乾隆元年冬，軍務告竣，計諸苗之頑梗、反覆，未有如九股苗者也。自大創之後，內轄既久，蠻俗漸更，今男子多有漢裝者，婦女短裙窄袖，耳環大徑二三寸。項帶大銀圈，插簪長尺許。不知文字，用木刻為信。傭作者多易為盜。其通漢語者，謂之通事官，則置為寨頭，有訟獄，應勘問者，必寨頭傳語而後，官始悉其情。否則，難以言喻也。然則寨頭之設，為可不慎其人哉。

第二十五種　車寨苗

車寨苗，在古州城西北。其寨四面繞水，即車江也。男子漢裝，勤藝業，婦女椎髻，以花布纏首，短衣長裙，工鍼黹。未婚者，於曠野之間為月場，男弦女歌，聲音清美。與諸苗不同，相悅者，自行配合。亦名跳月。此種乃吳逆偽將馬寶兵敗於楚，取道古州以竄滇，有偏將黃明，所部六百名，流落於後。內地奸徒勾入其寨，諸苗利其大砲、火銃、盔甲，各以女招贅為家，乃教諸苗施放之法，并為購造鐵器，製火藥。於是諸苗日事仇殺，又往往窺伺內地，抄冦為患。康熙三十一年叛，巡撫衛公既齊往討，旋就撫。雍正七年，復亂，總督鄂文端公咨巡撫張廣泗往討，尋就撫。始設同知，治其地。八年五月，古州三保苗復叛，車苗老戛助逆，副將趙文英等夾攻，焚其巢，擒首惡並老戛，誅之。六月，攻車寨，車寨徹夜防守，夜半聞繞寨馬蹶聲，三視之，皆寂然。及五鼓，甫就寢，而官軍入，賊衆亂，無拒敵者。官軍縱殺，自夘至巳，斬首千餘級，就縛者三千餘人。獲子母大砲十二，火銃、長桿刀、弩、盔甲無算。梟其渠魁，餘皆釋而遣之。自是無不褫魄，不復敢為亂矣。

第二十六種　洪舟苗

洪舟苗，在黎平府洪舟司，故名。男子薙髮，習漢粧，勤耕力作。婦女髮綰高髻，綰長簪，蒙以花布，短衣長裙，躡花履，善紡績。織葛布，頗精細，多售於市。故有洪舟葛布之名。所在苗人，皆食雜糧，其收獲稻米，除納賦外，以地通舟楫，皆連售楚省以謀利。

按黔苗惟鎮遠、都匀、黎平三府所屬各種苗最強悍難馴，而黎平之苗，又惟黑苗與洪舟司之峝人尤難馴。峝人性狡詐，不務耕作，往往招致四方亡命為亂。故《黔志》謂黎平之盜，洪舟為最。而洪舟苗與之雜處，男耕女織，毫不染其惡習。與廣順之花苗、牯羊苗、貴築之東西苗、定番之擺榜苗，皆苗中之最良者也。

第二十七種 短裙苗

短裙苗，在貴定、思南、思州。男子短衣、寬褲，婦女短衣、無領袖，從頭籠下，前不蔽肚，後不遮腰。其裙長五寸許，極厚而細摺，聊以蔽羞而已。採紫草為業，性嗜酒，醉則臥山中，隆冬浴於溪澗，且云可以助暖。

昔聞鄧小癡先生言，道光初年，在貴定縣幕東人某公素講理學，每下鄉，踏勘相驗，見短裙苗婦插秧、割稻，俯身而所羞畢露，公掩目而過，回署飭土司鄉約，傳諭苗民製褲，與婦女遮羞。而苗民以素不諳著褲，並多無力製褲，礙難從命。某公乃捐廉買布數百疋，按苗民戶口，各給布一方。由後兜前以遮羞，違者懲治。夫男苗民，遵示照領。甫月餘，各寨苗婦胯下多生惡瘡。土司稟明某公製藥為之，醫治無效，竟有潰爛死者。各寨苗民赴縣，哀懇去布，其瘡皆愈。某公亦無如之何矣。

第二十八種 姑盧苗

姑盧苗，住定番州之姑盧寨，故名。土人呼為葫盧苗。男子挽髻向前，短衣大袴，跣足。婦女高髻，纏以青布，短衣露胸，花裙僅及膝。性情兇暴，連羣聚黨，專以劫搶為事，不務耕織。自明迄今，叛服不常，與谷藺苗等。乾隆二年，有老排與其子阿沙，恃其寨大，族衆抗横於苗中，鄰寨累受其害，莫敢抗。三年三月，聚衆作亂，總督張廣泗檄令地方文武曉諭，弗聽，因決議剿之。飭委定廣副將哈尚德及大定副將馬似龍討平之。乃距姑盧十五里，改築城於大塘，撥本協官兵四百名，並請設州判一員，分駐其地，以資治理焉。先是老排等作亂時，黠者從逆，樸者避入大塘。今大塘有姑盧、麻蔣、油把等名色，分寨而居，并成熟苗，力穡之外，兼以工商，自給至今，男子多改漢裝矣。

第二十九種 擺榜苗

擺榜苗，在定番與廣順之擺塘，大塘之擺稿，同一類也。男子挽髻，短衣露腹。婦女短衣、短裙。性頗渲樸，不敢為非。在定番者，雖與谷蔺、姑盧等頑苗雜居，清濁攸分，真良苗也。種山之外，有習鐵工者，故定番人又呼為打鐵苗。婚葬與花苗畧同。

按乾隆三十五年七月，古州黨堆寨苗要香謀作亂，苗民老晌阻之。要香殺老晌，屠其家，遂作亂，各寨應之。殺土司某及兵役，巡撫宮公兆麟討之，要香就擒，戮其黨甚衆，各寨皆降。事平，宮公條奏善後事宜五條：其四曰：一堆垛寨苗民老晌，以阻要香謀殺土弁、廳差，全家遇害，臣於其地建廟祀之，並將其死義請旌，與要香叛逆伏誅事以苗語譯出，榜於廟中，使衆苗歲時展拜知警。又光緒四年六月，谷蔺苗叛，有苗民陳三者，年八十餘，其孫從逆，官軍至，陳三將孫縛獻軍前誅之。事後余奉檄招撫余黨，聞陳三大義滅親，面加奬慰，擬回城書匾額，以表其門。未幾余遭讒去任，事不果行，至今殊覺耿耿。如老晌、陳三方諸漢民，已屬難得，況苗乎？古人所謂醴泉無源，芝草無根，苗蠻中竟有其人，足為若輩生色，故附錄之以為苗蠻勸。

第三十種 西溪苗

西溪苗，在天柱縣。男子以青布裹頭，短衣、跣足。婦女偏髻，挿梳，裙不過膝，以青布纏腿。未婚男子與女子攜饁相聚而戲，所愛者，約於野外，歌舞苟合。生子後以牛過聘，俗與花苗同。

按乾隆三十一年十一月戊寅，上諭軍機大臣等，吏部議覈高積條奏，禁止苗人佩刀、跳月，請責成地方官，定以年限處分。苗人向化日久，耕鑿安恬，至其習俗相沿，本無庸瑣屑申禁，今內地齊民，地方官尚且不能道德齊禮，而於苗疆，乃欲嚴立科條，紛更滋擾，徒屬有名無實，甚無謂也。著交軍機大臣，另行妥議，具奏。伏讀聖諭，仰見聖天子，撫馭苗民，體恤週至，我輩承乏苗疆，將何以答昇平無愧哉？

第三十一種 班苗

班苗，在歸化廳。分屯而居，共有二千數百戶。男子挽髻，短衣大袴。

婦人以青布蒙首，服尚五色。倚險為居曰屯。廳屬諸苗中之最強者，向多仇殺之事，今其風漸戢。所居水下而田高，全資雨澤，遇旱，即改種雜糧。婚葬宰牛，招親族聚飲，醉後竟有墜崖死者。黔中苗民育女數歲，必大釀酒，既漉後寒月陂池水竭，以泥密封罌瓶，瘞於陂中，至春漲水滿，亦復發。俟女於歸日，因決陂取之，以供賓客。味甘美，不可常得，謂之女酒。

按嘉慶二年，興義府狆苗叛，長寨、定番、廣順三廳州苗民皆蠢動。歸化班苗亦被狆苗搖惑，聚衆附從，圍歸化城。巡撫馮公光熊至安順，遣游擊周廷翰帶兵三百，馳赴歸化解圍，是時，廉訪程公卓樑以丹江通判在營，為中丞所倚重，乃飭歸化土目于晏、苗人韋成賢等，招諭所屬苗民。大兵即至，早投順者得免死，密遣人探悉途徑，以備進剿。而班苗之樸者就撫，黠者抗拒，公乃厚撫已降順苗。挑其誠實有知識壯力者，得敢死義勇二百人，給以鹽糧，使作內應，大破之，城圍遂解。

第三十二種　鴨崽苗

鴨崽苗，在都勻府屬。男服飾效漢裝，女則堆髻，短裙露胸，跣足。長簪大環，項圈錦褒。以種山、漁獵為務。風俗與水家、獞家等大畧相同。

按八寨、丹江、台拱、都江、清江、古州、下江七廳苗，漢唐以來，久為化外生苗。自明中葉至雍正初，叛服不常，大為黔患。七年，雲貴總督鄂文端公疏奏，貴州丹江、雞講生苗，向不服化，檄按察使張廣泗授以方畧，相機剿撫。攻克各寨，苗衆投誠，其上、下九股及清江、古州等處，以次甯貼。奏新開苗疆立營、設官十事。時廣泗已授貴州巡撫，文端公回雲南復書曰："諸苗未經懲創，終為後患。愚非好殺，但恐今日不殺少，後日將殺多。如果恭順，何須加兵？其餘不恭順者，則無姑息也。"十三年五月，台拱、古州諸苗復叛，時文端公為保和殿大學士，自以從前籌畫未周，請罪乞罷，斥削伯爵。詔以提督哈元生為揚威將軍，刑部尚書張照為撫定苗疆大臣，統兵討之。照言新闢苗疆宜棄，廷臣議者，亦欲棄。惟上與文端持不可。時廣泗為湖廣總督，聞之忿請革職，赴軍營立功贖罪，不許。八月，高宗即位，以照招撫無效，且與元生齟齬，詔照還元生革職拿問。復命廣泗為經畧，調七省兵進剿。所至皆捷，賊為官軍所逼，多竄匿牛皮大箐。乾隆元年二月，調兵圍牛皮箐十餘日，賊無所食，多餓死。四月，遣兵入搜，俘獲者以萬計。饑餓墜崖，死者十餘萬。是役也，苗人前後死者，不下三十餘萬。諸苗自明中葉以來，毒逋黔省二百餘年，虜殺人民，不知凡幾。至是殺戮什之七八，或數十百寨無一人，其梟黠者悉皆就戮。固天所以報二百年屠戮之罪也。十二月，捷聞。文端曰：數十年後無苗患。始知鄂某之功，其後果然。

第三十二種 宗地苗

宗地苗，惟黎平、歸化最多。服鑲花邊，又名花衣苗。與花苗不同類。素稱涫樸，輸租服役，比於良民。宗地苗性皆強悍，不務耕織，善造藥箭，以劫掠為生。雍正五年，黎平、謬沖花衣苗亂，鄂文端公討平之。今向化已久，耒耜之外，別無生計。

按黎平府屬有花衣苗一種。介黔楚之交，喜鬪好殺，獷悍難馴，而謬沖寨三面削壁，路通一線，諸苗恃此為險，不務耕業，專以劫掠為生。至是，總督鄂文端公、提督楊公天縱，會湖廣總督邁公柱，遣兵進剿。斃其渠魁陸太還，餘皆奔潰。黎平府知府張廣泗、鎮遠遊擊韓勳、率知縣孫紹武等鼓勇先登，衆隨猿攀而上，直破其寨，擒斬無算。有芋河溪寨者，素與謬沖為聲援，乘勢並翦滅之。其黨歸毆、鬼壘、九厥、交椅、幾馬等寨，皆聞風震懾，詣行營，繳器械，願納糧賦，乃視地之遠近，分隸黔、粵兩省。

第三十四種 東苗

東、西苗者，東晉時命謝氏世為牂牁太守，及侯景亂梁，牂牁與中國不通，而謝氏保境如故。至唐時，牂牁又分裂，於是有東謝、西謝之稱。其後，係以名其部族曰東苗、西苗。東苗有族無姓，男子留頂髮，以織花布條束之。短衣背甲，色尚淺藍。婦人衣花衣，無兩袖，以兩幅遮前、覆後，穿細褶短裙。中秋，合寨延鬼師祭祖、屠牛，以木板陳饌，循序而呼鬼之名。祭畢，集親族暢飲盡夜。春獵於山，獲禽獸必薦祖先而後食。惟貴築、麻哈兩屬有。

按《黔書》謂東苗、西苗、花苗、牯羊苗四種最涫樸，從無仇殺劫掠之風。東苗之亂，見於《貴州通志》者，惟前明天順三年，有麻城人李添保以逋賊逃入苗中，自詭為唐後，有東苗名千把豬者，家富有，被所惑同，聚衆萬餘，僭稱王，建元武烈，立故賊首蒙能（景泰五年，苗賊蒙能叛。攻圍龍里等城，命南河伯方瑛為平蠻將軍，討平之）子聰為總兵官，遺之銀印，勑書招集遺黨，四出剽掠，震動遠近。督理軍務都禦史白圭，與南河伯方瑛統得勝師征之，圭以谷種山箐，乃東苗羽翼，宜先剿。因同瑛進青崖，總兵李貴進牛皮箐，参將劉玉進谷種，忝將李震進鬼山，所向皆捷。克水車壩等一百四十七寨，諸將復合兵青崖，攻石門山，克擺傷等三十九寨。仍分兵四路，進攻董農、竹蓋及甲底等四百三十七寨。賊首千把豬，退守六美山，合兵大進，斬五千餘級，生擒千把豬，至京伏誅。添保僅以身免，潛入鬼池及絞洞諸寨，煽惑諸苗，劫攻中林、龍里，亦為震所擒，伏誅。東苗悉平。

第三十五種　西苗

西苗，衣尚青。男子以青布纏頭，白布裹褪。婦人盤髻插梳。秋收後，合寨牽牡牛於野，延巫者，氈衣、皮靴、氈帽，腰圍細摺裙。童男女青衣綵帶，吹笙舞蹈隨之。名曰祭白虎。除夕，置酒雞呼，闔家老幼，名謂之叫魂。其婚葬，東、西苗皆與花苗同。在平越者，有謝、馬、何、羅、盧、雷等姓。其餘貴築、甕安、清平、黄平有。《黔書》謂東、西苗與苗（花）苗、牯羊苗四種稱涫樸，從無仇殺劫掠之風，憚見官。有不平，惟從鄉老決。輸租服役，比於良民，故其貧尤甚。然東苗尚有天順三年之亂，而西苗、花苗從不敢為非，是涫之又涫者也。

按乾隆二年十月，貴州総督張廣泗奏，覆布政使馮光裕條陳苗疆事宜，一伐山通道，一飭禁師巫，一從容化導，以變苗習。上諭曰："料理俱屬妥協，議論實皆公平，至云使其漸染華風，變為內地，朕意千百年之貴州総督皆似卿，則千百年之久安長治皆可保。若法待人行，則不若仍其苗俗，而訓導之，使彼知有恩而不忍背，知有威而不敢犯，如是而已矣。何係區區古州之苗，盡歸王化，然後成一道同風之盛哉？"竊謂後之治苗者，當謹遵聖訓，苗性多疑，貴以鎮靜為主，勿好事滋擾，而苗民自可久安長治矣耳。

第三十六種　平伐苗

平伐苗，在貴定。五代末有滕氏仕蜀，孟氏征南有功，授賓化令，世守其土，號曰滕番。因居蠻日久，滕譌為庭，賓化譌為平伐，即今平伐長官司祖也。其部落名平伐苗。男子披草衣，短裙，挽高髻，出入持鎗弩。婦人短衣，穿長桶裙，以長簪綰髮，婚姻喪祭，皆用犬。人死則瘞以木槽。性喜鬬，又有小平伐苗，元靖江路總管宋阿重封順元侯，其子阿里以功別授小平伐長官司，其部落稱小平伐苗，其服飾風俗皆同。

按元大德元年，平伐苗叛，播州宣撫司楊漢英請以己力討平，仍命湖廣省答剌罕便宜收撫。明洪武七年，平伐、谷霞、谷辰等苗攻劫的敖諸寨，命指揮僉事張岱討之。

第三十七種　楊保苗

楊保苗，明播州宣慰使楊氏之後裔。播州自唐入楊氏，世守其土，傳二十九世八百餘年，至萬歷間，播州宣慰司楊應龍叛，川湖貴州總督李化龍討平之，楊氏乃亡。男子挽髻，頭纏青布，短衣大袴。婦人挽髻，短衣長裙，婚姻用媒妁。喪祭盡哀悼之禮，頗有華風。惟性情狡獪，由有楊氏之遺風。凡官司差拘，抗拒不出，惟聽鄉老決之。在遵義及石阡、龍泉。昔楊氏為土酋時，殺人者，令以牛馬自贖，有被盜者，聽民自搜，令盜以一償十。故民有疾、病、死，亦必誣指其素嫌之人，以洩忿。被盜之家，皆糾人遠近自搜，指疑似之贓，取倍稱之息，並有不必失盜，而故擾人以漁利者。自今風未盡泯，蓋流毒之深，自楊酋階之厲也。

第三十八種　羊犷苗

羊犷，一曰楊黃，其種亦夥播州楊氏之遺民也。男子薙髮，習漢語，婦人挽髮、盤頭，籠以木梳。色尚青。婚姻與漢同。居萬山秘箐中，荊壁四立而不塗，門戶不扃，出則以石壘之。男子計口而耕，婦人度身而織。暇則挾刀操笱，以漁獵為業。把忌以三月朔，父母死則焚其衣服，掊其牛馬以祭之。婚喪以犬相遺，有楊、龍、張、石、歐五姓。貴陽惟定番有，其餘都勻、荔波、石阡、龍泉、餘慶、黎平等府縣皆有。

第三十九種 宋家

宋家，春秋時宋人之裔。為楚所俘放之南徼，遂流為夷，宋宣慰祖也。男子帽而長衿，女子笄而短衿。婚之夕，壻家往迎，女家則率親戚箠楚之，謂之奪親。母訓綦嚴，既歸，旦則進盥於姑舅，夕則燂湯請浴，三日而罷。喪則疏水二十一日，不封樹而葬。頗通漢語，知文字，勤耕織，守禮法。今盡變而為華，不復可別識矣。在貴陽者住麥西水田壩，黔西州亦有。

第四十種 蔡家

蔡家，本蔡國之裔。戰國時楚將莊蹻滅牂牁，時蔡侯久為楚所滅，遂遷其公族於牂牁，於是苗中有蔡家子矣。善擀氊子，男子衣氊衣，女則製氊為髻，緣飾青布，高尺許，若牛角狀，綰以長簪。居喪不食米肉，惟飲稗粥，尚存古禮。三月宰牛，召親戚吹籚笙跳舞，名曰做戛。翁媳不通言，夫死以婦殉葬，外家奪去乃免。通漢語，知文字，今雜漢人中，多不辨矣。在貴陽者住養龍，安順、大定兩府所屬州縣亦多有。

第四十一種 補籠狆家[1]

在貴陽定番、廣順二州，南籠、安順二府。以十二月朔為大節。歲時擊（銅）鼓為歡。若掘地得銅鼓，即以為光，謂武侯南征所遺（重貲爭購。喪

---

① 桂馥：《黔南苗蠻圖說》原書第四十一種缺佚，據本文第一章考證，所佚者應為《補籠狆家》，現移录陳浩《八十二種苗圖並說》之《補籠狆家》的文字说明于此，括号中的文字为笔者据清繪本《貴州全省諸苗圖說》、清陳汝怡《諸苗考》等書填補。

則屠牛招戚，以牛角歡飲）。孝子不食肉，惟啖魚蝦，故祭亦必用魚焉。葬者以傘蓋墓，期年而後焚之。其性剽悍，出入帶利刃、標槍。雖睚眥之仇必報。近經禁誡，漸循禮法。

第四十二種　卡尤狆家

卡尤狆家，男女以花布裹頭，服飾與補籠同。婦女亦多織好，亦於暮春時，集未婚男女於跳場，用綵巾編為小圓毬，如瓜，謂之花毬，視所歡者擲之在室。奔而不禁，嫁乃絕之。以姿色定聘貲，多至牛三五十頭。喪則斫牛，名曰替厲。招親友執牛角勸飲，醉或至於相殺。惟孝子不食肉，止啖魚蝦。葬用棺，以傘覆其上，期年而焚之。每歲三月三日，宰豚牛祭山，分肉各寨，男婦飲酒，食黄糯米，謂之拈山，猶漢語祭山神也。三、四兩日，各寨不相往來，誤者罰之。六月六日，栽插已畢，又宰祭分食，如三月，呼為更將，如漢語過小年也。病不信醫藥，用巫禳之。其巫名報慕。性好樓居，嗜酒。每逢場集，三五成羣，必醉而後歸。貴陽、興義、安順、都匀、平越等府屬皆有。

按興義府舊名南籠府，本於矢部地與雲南曲靖、廣西泗城連界。所屬狆苗，儂苗居多，雖隸府州縣治，仍受其頭目役使。奴隸里民，軍田亦多僱苗人佃耕。漢人依府州縣及大小市場居者，踞有苗寨田業，輒稱莊主，其役使佃苗，亦若頭目，然苗人苦之。嘉慶二年正月，南籠額老寨狆苗大黄公王抱羊、韋朝元、桑洪陞等，附和妖苗王囊仙作亂，囊仙者，洞灑苗人王文學之女也，幼不茹葷，於寨外築樓以居。年十六，偶於路拾得五色卵一枚，持歸供奉，哄傳以為天賜。遠近疾病、牛疫，詣禱輒有應。羣苗遂奉為囊（仙），以倡亂。囊仙猶漢言仙女也。並指各苗寨女苗俱有囊仙，男苗俱有仙大出世，當盡殺兵目、亭目、漢人田主、衙役等，以洩夙恨。大黄公於正月初五日夜半，率衆焚烧附近市場、漢寨，乘勢攻府城。遠近狆苗蜂起，册亨、貞豐、永甯、歸化俱閉城告急。中丞馮公光熊自銅仁疾馳，五日夜至安順，制帥，勒公保翼長常公明，自川楚軍營兼程馳至，帶兵直搗巢穴。時程公卓樑以丹江通判從事軍營。六月廿日，大軍入南籠府城。八月十五日，剿平當丈、洞灑等處。捷聞，奉旨改南籠為興義，永豐為貞豐，新設額老汎把総一員，兵八十名以上。見程任齊《廉訪黔陽從軍紀畧》。道光時，李復齋先生曾臬貴州，增廣《黔南識畧》，所載興義狆苗起釁，由於苗巫七絡鬚者，與公所記不同，然公身當其事，所記信足徵也。

第四十三種　青狆家

青狆家，衣尚青。製與補籠同。男女皆以青布蒙首，女子色白而皦，惟面多帶雀瘢。工刺繡，善奕棋。婚姻亦抛彩毬苟合。所私者曰馬郎，夜則飲以酒，父母知而不禁，惟避其兄弟。大率狆家男子善治田，婦女善織布，名曰狆家布。聚牛馬雞犬骨以米糝和之，作醋，以酸臭為佳，稱富積者曰蓄醋幾世。婦人善養蠱，其蠱夜飛而飲於河，有金光一，謂之金蠶蠱。又有蝦蟆蠱，婦人養之，夜則蠱淫其婦，有殺其蠱者，其婦立死。蠱每運財物以入家，故蓄蠱者多富。每三歲必蠱殺一人，否則，反噬其主。男子斂百毒藥以染箭鏃，中人血濡縷，立死。性險譎，嗜殺。在昔出入必負強弩，帶利刃。睚眦之仇必報，聚衆劫掠，勝於苗民。自明中葉至國初，黔之患，未大於狆家者。雍乾間，屢加懲創，今則向化畏法，此風已革。近更有讀書應試者，呼之為苗，必返唇相向。貴陽各屬皆有。在貴陽者，住阿所、平山、瓦窰諸塞，安順、都匀、大定、鎮遠、平越、各府所屬州縣多有。

按黔苗種類，狆家最為兇頑。在定番、廣順者尤甚。明時，旋剿旋叛，後用鵰剿法，稍知畏戢，仍時出劫掠漢夷男女，售與漢奸，轉販他省，以獲重利，居民苦之。雍正二年，有阿近者，自稱苗王，聚衆為亂，総督高公其倬擒獲斬之。四年，廣順、長寨地方阿近餘黨阿搗復叛，総督鄂文端公討平之。遂定兵制，設長寨營，併移貴陽府同知，分住其地。

第四十四種　黑狆家

黑狆家，性尤險譎，男子頭纏紅巾，腰佩大刀。婦人衣服尚青，髮挽高髻，斜挿長簪。娶必求姑之女，名曰要回。其聘禮，或以牛，或以錢。婦人勤耕織，男子以種樹為業。其寨多富，漢人與往來，可請鄰近富戶作保，出樹木為本，合夥生理，借貸通商，無不應付。倘有虧折如直，告可再行添借，若被詐騙，則訪原保人祖墳，掘其骸骨，謂之捉白放黑。使原保拘查，負騙者，追還借項，贖取骸骨。貧者，勾遠賊為盜藪，或聚衆出劫，或捉拿過往孤客。將長木為架，禁寨內所取財物，名曰贖身錢。如不能與，終不能脫，多有受其害者。自明季以來，累行征剿，然兵至則散，兵去復聚，難于持久。後用鵰剿法，始知畏寧戢。今則向化日久，男子皆薙髮，習漢粧，推埋伐冢，捉白放黑之風漸泯矣。惟興義府及都匀、荔波兩縣與三腳分州有。

按苗狆等類，信巫畏鬼之心，甚於畏法。故江湖求食之流，往往挾左道之術，出入其間，以漁利。苗等一經播弄，若輩每先與之宰雞菹誓，謂之喫血。喫血之後，乃為之授意作詞，始猶僅為餬口計，後則煽惑愈衆，能聚而不能散，必至於負嵎反噬。雖殞其身首不背盟，以為背盟不祥，必幹鬼怒也。往者，興義狆家滋事，賊中有號為七綹鬚者，少遊蕩湖南北間，無所得食，歸則揚言："得異人術，可避兵刃，但以紙扇揮之，雖火器無能中傷。"遠近狆苗神其說，真以為可揮扇而抗拒也，遂蜂起為亂。迄總督帶兵至，不旋踵而罪人斯得，附和者靡有了遺矣。夫揮扇拒兵之說，婦人孺子之所不信也，而苗狆信焉，非愚之又愚者乎？光緒四年，定番州谷藺苗亂，其苗巫吳情高，似又一七綹鬚也，其中起釁之由，先後如出一轍。竊謂治苗疆者，在治其害。苗之人司事者，要貴於無事之時，留心稽查，凡有星卜醫巫輩溷跡，苗寨中立加驅除懲治，勿事姑息。待其既發而後制，何若未發而先禁之？勞逸殊而難易於逕庭也。

第四十五種　白狆家

白狆家，男子頭戴狐尾，衣青，短衣。女子身小而多慧，穿淺藍色衣，細摺勾雲，裙紅繡花，鞋脛卷色布。每春擇平壤地，以大木一節空其中，名曰巴槽，擊以唱歌，男女抱腰相戲，父母不禁。漢人能習其語，亦與私焉，名曰外郎。女有正配，酬以布數疋，謂之斷郎禮，從此絕往來。遇喪則集親族，男女擊銅鼓唱歌，皆茹葷（葷）。性馴而畏法，在都匀府及荔波縣。

余於同治二年秋，與鄧子魚觀察剿辦新城回匪，軍中乏糧，余往貞豐州之石屯土目王元勳處借糧，《黔志》謂石屯徑懸磴仄，上者如梯，下者如墮，過者猿掛而行。非親歷其地，疑言之過也。地素苦瘴，遭者立病，所帶親兵四十名，十病六七。余謹守避瘴法，得無恙。一日，與元勲子馳馬往者相寨，觀孔明城，有土硬高數尺，週二百餘丈，相傳為武侯劄營處。閲後下營，於農民家歇馬，見屋角置有銅鼓，取視之，高約八九寸，口濶尺許，左右四蟾蜍鈕，徧體雲雷、饕餮紋，內有銘兩行，共十三字。其一“建興二年八月造”，其二“中軍第十一”傍一“馬”字。字體兼篆隸，按武侯年譜，建興三年，侯率衆南征，遣馬忠伐牂牁，其銘“建興二年八月造”，先一年造鼓以備。“南征中軍第十一”者，漢有前後左右中等將軍，馬忠或當日之中軍將軍歟。“第十一”，計鼓次第之數。“馬”字，計營帥之姓。古色斕斑，真諸葛鼓也。據博古家言，諸葛鼓皆蟾蜍鈕，如銀錠鈕者，漢唐山獠仿造，大口寬腹，既薄且輕，易於熟食，名曰銅爨銅鼓者，如今時營中所用鑼鍋是也。日則用以炊，夜則擊以示儆。

第四十六種　八番狆家

八番狆家，惟定番州有。服食居處與漢人同。其俗男逸女勞，婦人直頂作髻，日出而耕，日入而織。穫稻和諧儲之。刳木作臼，曰椎塘。每臨炊，始取稻把入臼舂之。以寅午日為市，燕會擊長腰鼓為樂。以十月望日為歲首。葬不擇日，夜靜而出，曰不使吾親知之。性馴畏法，多與谷藺苗雜居，不染惡習，亦狆家中之良也。

第四十七種　水[①]家

昔帝嚳時，患犬戎入寇，乃訪募天下有能得犬戎之吳將軍首者，妻以少女。時帝有畜狗，名曰盤瓠，遂銜其將軍首至，乃以女配之。流之南山，止石穴中。生六男六女，自相夫妻，其後滋蔓，乃有水、犵、羊、獚、猺、狪六種，皆其後裔。水家男子薙髮，習漢語，四圍長衣，以裙為袴。婦人挽髻盤頭，籠以木梳。青短衣，花邊窄袖，重裙，無褲。祀盤瓠為始祖，食惟糯

---

① 水家之“水”，原书有“犭”旁，今以“水”字代之。

飯，無匕箸，以手摶之。渴則飲水。婚嫁與狆家相似，性剛好闘，近有讀書入泮者。惟荔波縣最多，住三洞、久遷、鵝甫、巴容、猺慶、水婆、猺台、七里，都匀府及獨山、三脚亦有。

第四十八種　羚家

羚家，男女均以藍花帕蒙首。未婚者其帕稍長，衣尚青。以十月晦日為節。祭盤瓠。每歲仲冬，未婚男女皆豔粧，女子繫飄帶裙，擇平壤處，連袂歌舞，相悅者負之而去，乃至生子方歸母家，名曰回親，始用媒妁，而以牛馬過聘焉。喪與狆家畧同。在都匀府。

第四十九種　羊[2]家

羊家，住荔波縣之羊安里。男子以青布蒙首，衣尚青，婦人挽髮盤頭，籠以木梳，短衣重裙，窄袖花邊。性猾而悍，好捕鳥雀，以種藍靛為業。歲首宰牛祀盤瓠，集親族，歌舞暢飲，其吹笙、跳月、喫牯臟，諸陋習與黑苗無異。

第五十種　獚家

獚家，男效漢粧，女則椎髻，短裙露胸，跣足，長簪大環，項圈錦袞。婚姻與狆家相似。喪葬食魚不食肉，宰牛馬致祭，分給親屬。以種棉花、藍靛為業。愚而狡悍，往往逞兇爭鬥。在荔波者，住久遷、鵝甫、三洞、巴容、猺慶五里。古州、下江亦有。

按漢晉以來，湖南蠻、猺保聚，依山阻江，殆十餘萬。至五代時，數出寇邊，逼辰永二州，殺掠民畜，無寧歲。宋太祖既下荊州，思得通蠻情、習險扼、勇智可任者，以鎮撫之。有辰州猺人秦再雄者，長七尺，武健多謀，

① 羊家之“羊”，原书有“犭”旁，今以“羊”字代之。

在周時屢以戰鬥立功，蠻黨伏之。太祖召至闕下，察其可用，擢辰州刺史官，賜予甚厚。再雄感恩，誓死報效，訓練士兵三千人，又選親校二十人，分使諸蠻，以傳朝廷懷來之意，莫不從風而靡，各得降表以聞。太祖大嘉，擢升辰州團練使。終使太祖之世，邊境無患。自治平之末，迄於靖康，大抵皆通戶市，奉職貢，雖時有剽掠，如鼠竊狗盜，不能為深患。至元代，蠻猺之勢日衰，不復為亂矣。

第五十一種　黑猺

黑猺，男子畜髮、挽髻，青布長衣，婦人髮挽偏髻，青布短衣，裙長不及膝。歲首祭盤瓠，雜揉魚肉酒飯於木槽，扣槽群號為禮。十月朔日，各以聚落祭都貝大王，男女各成列，連袂相攜而舞，謂之踏猺。意相得，則男咿嗚躍之女群，負所愛去，遂為夫婦。不由父母，其無配者，俟來歲再會。女三年無所向，父母或欲殺之，以其為人所棄云。人死殮以棺，立鬼竿，屠牛會飲，吹笙跳舞，獨喪主不食肉，三日後，將棺置洞，不葬。性湣樸，少爭訟。勤於耕鑿。不通漢語。在荔波者，住猺慶里之猺六寨。戶口不多，在永甯居者，居上下六馬江外，都勻、古州亦有。

第五十二種　花猺

花猺，男子畜髮，挽髻垂後，或覆以花布，或頂布笠，周圍以料珠綴旒。青布短衣，以紅白線緣其邊。婦人挽髻垂前，飾耳以大銀環，居必傍澗溪。以大樹皮接續渡水，至家不用桶甕以汲，勤耕種，暇則入山採藥，沿村寨行醫。所祀之神，名曰盤瓠。所藏之書，名曰榜簿，皆圓印篆文，義不可解，珍為秘藏。婚姻通媒灼，俗長厚，見遺不拾。雍正二年，有自廣西遷至貴定之平伐者，今已絕矣。現惟荔波縣有，住董界里。

第五十三種　狪家

狪家，在荔波縣，住猺慶里、高寨，巴乃里。性最淳。男子薙髮，婦人梳頭，蒙以青布，赤足。色尚青，衣長不過膝。歲首，集魚肉酒飯祀盤瓠，而聚食。擇近水而居，善種棉花。女則自紡織為衣，男子雖通漢語，而不識文字，以木刻為信。婚嫁喪葬與漢民同。

第五十四種　紅犵[①]狫

犵狫，蓋即武王時髦人，晉代邛笮間之山獠也。其種蔓延於今之黔、粵，諸蠻種多役屬之，遂名其役屬之蠻為僕獠，其獠人則謂之主獠，其後主獠譌為犵狫，僕獠譌為木狫。男女皆以幅布圍腰，傍無襞積，謂之桶裙。花布者，曰花犵狫，紅布者曰紅犵狫。各有族屬，不通婚姻。紅犵狫，男子髮挽尖髻，衣服類土人。婦人作桶裙，以羊毛綴線為之。所居屋，去地數尺，架以巨木。上覆杉葉，如羊柵，謂之羊樓。其人強悍，善奔走，喜報恩。得人片肉、卮酒，即捐軀與之。今此風亦漸革矣。在貴陽及修文、安平、餘慶、仁懷等縣。在安平者，性涫謹畏法，不為盜，其習俗使然也。

第五十五種　花犵狫

花犵狫，男盤頂椎髻，婦人挽偏髻，蒙以花布。着布衣，花袖桶裙，繫布帶。婚姻習漢禮，死則殮以棺而不葬，置崖穴間，高者絕地千尺，或臨大河，不施蔽蓋。樹木主於側，曰家親殿。耕作之暇，以漁獵為事。六月二十四日，必以糯米作餌，殺鷄泡酒，各讌於家，如漢人過年也。在貴陽者，居白納正副二司騎龍、甲門諸寨。安順、鎮遠、大定、遵義四府所屬州縣多有。

第五十六種　披袍犵狫

披袍犵狫，男子束髮挽髻，多以鑄犁為業。婦以青線束髮，披青布囊，綴海巴其上，織五色羊毛為彩裙。男女皆外襲方袍，無領袖，洞其中，從

① 犵狫之“犵”字，原书为“犭”旁加“革”字，现改用“犵”字，下同。

頭籠下，前短後長。性好潔，與人共飯，置杯水於其旁，以洗杯箸，不欲汙己防人。食已必刷齒，故常皓然。其惡穢氣，野次有糞，必坎而覆之。通漢語，勤耕織，惟嗜利若渴，有隙必報。惟大定、水城有。

第五十七種 豬豕犵狫

豬豕犵狫，男女蓬頭，跣足。身面經年不靧，所居穢臭不堪，與犬豕同牢。得獸即咋食如狼。男子出入佩刀弩，有仇必報，獨力不能，則備羊酒，以款有力者，雖片肉卮酒即捐軀輕命。有致死者，以牛償之。在清平縣者，頗通漢語，受約束。石阡之苗民司、黎平之八舟司、古州之曹滴司皆有。

第五十八種 剪髮犵狫

剪髮犵狫，男子青短衣，畜髮寸許，長即剪去。婦人挽高髻，短衣花桶裙。未嫁之女，剪去前髮為記，既嫁則否。性好潔，耕夫饁婦，從無垢面者，居必依山傍水，以其便於浣濯也。婚姻用媒妁，死則積薪焚之。在貴定、安平、餘慶三縣，披袍、豬豕、剪髮名雖各異，其類則同。披袍、剪髮好潔，豬豕穢惡，雖生性類然，亦習俗使然也。

第五十九種 撻牙犵狫（撻字他書多有用打字者，亦可從）

撻牙犵狫，男子畜髮挽髻，以青布纏頭。婦女挽偏髻，赤足，織青羊毛布。男女以一幅橫圍腰間，謂之桶裙。女子將嫁，必折去門牙二齒，以遺夫家，謂恐妨害夫家，即古所謂鑿齒之民也。剪前髮而披後髮，取齊眉之意。婚姻亦用媒妁。負氣輕生，剽悍尤甚。父母死，用長木桶為棺，葬之路傍。在貴定、安平、清鎮、平遠等屬。

第六十種 鍋圈犵狫

鍋圈犵狫，男子自織斜文布為衣，婦以青布籠髮，盤旋如鍋圈狀，故名。青衣短裙。病不服藥，用麪做虎頭，飾以彩線，置箕內，延郎火禱之。郎火者，一村中推有勢力者，稱曰郎火，餘但稱火。歲首以土杯十二，貯水，隨辰位布列郎火禱焉，乃集衆往觀，若寅有水而卯涸，則知正月雨，二月旱，自以不差。性嗜酒，惰於農，在平遠州。

第六十一種　水犵狫

水犵狫，俗呼擾家土民。姓湯、楊、龍者、即其老戶。性純樸，勤耕作。男子薙髮，衣服、婚姻、喪祭俱學漢人，惟婦女挽髻插簪，猶沿苗俗。善捕魚，雖隆冬大寒，亦能入深淵，信手無虛。在鎮遠府及施秉、餘慶兩縣。

第六十二種　土犵狫

土犵狫，性愚頑，不善治生產，故瘠苦者多。編草為衣，專與猓玀傭工。以油燒熱搽足，故入嶺登山行走如猿。婦女種山，以苦蕎野菜為食，冬則掘地為爐，以生火。以牛羊皮為臥被。惟威甯州有。

第六十三種　木犵狫

木犵狫，有王、黎、金、文等姓。男子首裹青布，衣服與漢人同。女子偏髻，插梳，花衣短裙。娶婦異寢，生育後乃同室。性狡悍，善陶冶。孟冬祀鬼，以草為龍，插五色紙旗，至郊祭之。同姓不婚，異性不同食。父母死，有喪服而無衰絰。長子守喪四十九日，面不洗濯，不踰戶。期滿，延巫祝薦，名曰放鬼，乃出門。長子貧不能守喪，長孫及次子代之。在貴定者，居西北鄉按城、鐵鑪、花甲諸寨，其子弟多延師教訓，有為附學生者。甕安、麻哈、清平、黃平、石阡等屬皆有。

第六十四種　郎慈犵狫

郎慈犵狫，獠之別種也。黔人以為苗種，呼為郎慈苗，非也。其俗甚異。婦生子便起，其夫臥牀褥，飲食皆如乳婦，稱為産翁，彌月乃出，稍不衛護，其妻病焉。婦誕子，經三日便澡身於溪河，出耕作，返具飲食，供夫一日，除乳兒外，悉無暇刻。父母將死，俟氣初絕時，將親首扭反向背，曰好看後人。今則此俗已革。在威甯州屬。

按《桂海虞衡志》載，獠有飛頭、鑿齒、鼻飲、白衫、花面、赤裩之屬二十一種。又《博物志》曰：南方有落頭民，其頭能飛，以耳為翼，將曉復還著體，故有飛頭獠子之號。余於黔中所見者，惟鑿齒、花面、赤裩，即今之撻牙、豬豕、紅犵狫是也。如飛頭，余以為今無矣。同治二年，余至石屯，甫二日，其夜三更許，所部親兵隊長熊都司忽而繞屋號躍，以刀破窗櫺，余驚起，問故，據云見一物撲入帳中。黑毛毳毳狀如首，捉之不獲，以刀斫之，繞屋破窗而去。余問鄭勉齋州別駕（歸化紳士熟夷情，通夷語，故約同來）曰："此飛頭獠也。乘生人氣則至，吸人夢唾而已。不似金蠶蠱能殺人也。"余曰："有術壓之否？"曰："以針穿紅線插帳口，不能入，又以易經掛帳門，亦不能入。"明日，問諸土目王元勳，亦云然。從此草木皆兵，所帶親兵，夜夜戒嚴，余乃以硃謌書符，貼之門額，曰："能殺飛頭獠。"人心乃定。熊都司與鄭勉齋住西廂，余住東廂，每夜靜以待之，四十餘日無所見，余不能必其有無，故附記之。

第六十五種 犵當[①]

犵當、犵兜、犵獇，皆古板楯七姓蠻種，唐南平獠也。犵當在修文，與漢雜處。男子剃頭梳辮，著青短衣，繫布帶。婦人椎髻，跣足，短衣短裙。俗不辨姓氏，又無名字，所生男女，長幼次第呼之。其丈夫稱阿暮、阿改，婦人稱阿夷、阿等之類，皆其語之次第稱謂也。屋宇如犵狫，依樹積木，以居其上，名曰幹欄，幹欄大小，隨其家之口數。其人悍，而善耕作，暇日以射生為業。

---

① "犵當"之"犵"，原书为"犭"旁加"革"字，"當"字原书有"犭"旁，现以"犵當"代之，后同。

第六十六種 犵兜

犵兜，男子梳盤頭，著大領花藍衣，婦女挽偏髻，束花布一條，兩端披與肩齊。衣蓋膝，繡五色於胸袖間，背負巴蠶繭，如貫珠。人多嗜酒，好居高坡，不籬不垣，好逸惡勞。力田折薪，多以婦人任之。往時多佩刀弩，入山逐鹿、羅雀。其藥箭傷人，見血立死，今亦無此風矣。在修文、平越、清平、凱里、鎮遠、施秉、石阡等屬。

第六十七種 犵獞

犵獞，男子薙髮，習漢妝，善耕植。婦女挽高髻，以花布蒙之。衣短衣短裙，僅以遮膝。工紡織。親死不置棺，以板殮而停之。宰牛，聚親族互相歌唱、暢飲至葬。子女哭必出血，守墳三日而返。在荔波縣。

按山獠自晉代其種蔓延於黔，歷六朝，種類繁多。唐貞觀二年，明州（今貞豐、羅斛）山獠反，交州刺史都督李道彥擊走之，高宗時，剡州（今安順地）獠反，都督謝萬歲死，獠人遂盛於南中。自宋迄元，或叛或服，大為黔患。明洪武九年，黃平蠻獠都麻堰亂，命重慶諸衛合擊，大破之，平其地。十五年，烏撒（今威甯州）諸蠻獠復叛，傅友德沐英合兵進討，斬首三萬級，諸蠻來降。二十二年，黃平狼洞蠻獠叛，傅友德又平之。屢經大創，獠日衰，自明季以來，黔中惟苗、狆猖獗，而無蠻獠之亂矣。

第六十八種 白龍家

龍家者，昔漢武帝滅且蘭置牂牁郡，遷蜀之大姓龍、傅、董、尹於其地。龍氏於諸姓為最大，故號為龍家。各以服飾為別，乃有白龍家及曾竹、馬鐙、大頭、狗耳五種，風俗畧同白龍家。衣尚白，男子挽髻、頭纏白布，衣僅及膝。婦人服飾，與白猓玀同。勤耕作，暇日入山採藥、割漆，以售於市。凡物皆背負。婚喪頗用漢。大定府各屬多有。

按龍家自漢唐以來，於宋最顯。乾德五年，知西南夷南寧州藩落使龍彥瑫來貢，詔授歸德將軍、南寧州刺史。雍熙二年，夷王龍漢璿自稱權南寧州事兼藩落使，遣牂牁諸州酋長趙文橋率種族百餘人來獻方物、名馬，並上蜀孟氏所給符印，授漢璿歸德將軍、南寧州刺史。以文橋等並為懷化司戈，終宋之世，貢奉不絕。傳至元代，子孫繁衍，係分為三，乃有卧龍番及大小龍番。自明迄今，皆恭順守職，而諸部族姓（性）亦柔馴。勤耕力作，從無仇殺劫掠之事，亦苗蠻之醕良也。

第六十九種 曾竹龍家

曾竹龍家，男子習漢糙，婦女衣白衣，穿桶幇，戴細布方巾，以髮紮一尾，名曰髮尾，用豬油搽之。遇親戚喜慶事，則負酒牽羊以賀。並自帶新衣數套，以誇富有。人死則殮而焚之，揀枯骨而葬，每七月七日祭先塋。在安順府境內。

第七十種 馬鐙龍家

馬鐙龍家，性湻良，尚白。喪則易之以青帶額之。婦人髻以青帶綰髮，盤其首，若馬鐙狀，故名。衣短裙長。以耕織為業，婚姻用媒妁，聘以牛酒、財禮。在安平、鎮甯，居西堡、頂營司之間，多張、劉、趙等姓。

第七十一種 大頭龍家

大頭龍家，男子戴竹笠，衣與漢人同。婦人穿土色衣，青短裙，歛馬鬃紮於髮，蟠髻如蓋，故名大（頭）龍家。疾病無醫藥，但擊銅砂鑼以祀神。婚姻與馬鐙龍家同。男女皆勤耕力作。普定、鎮甯、畢節、威甯等屬皆有。

第七十二種 狗耳龍家

狗耳龍家，在鎮甯州。舊有康佐土司，其人號狗耳龍家。依深林榛莽間以居，近溪者，入水捕魚，猾若梟獺。男子束髮不冠，婦女辮髮，螺髻上指，若狗耳狀。衣班衣，以五色藥珠為飾，貧者代以薏苡。春時立木於野，謂之竿，男女旋躍而擇配，換帶既奔。女黨以牛馬贖之，方通媒妁。人死以杵繫臼，和歌而哭，移之幽巖，秘而無識。今土司已革，僅有阿破土舍一員，其俗漸化。

第七十三種 儂[①]家

儂家，宋儂智高之後裔。智高為狄青所敗，走泗城、廣南諸府，自號為儂家。久之，儂譌為“獽”。舊惟貞豐最多，貞豐舊屬廣西泗城府地，雍正五年，撥歸貴州，建永豐州於長壩。嘉慶二年，平定狆苗，改永豐為貞豐。男子薙髮，衣服俱效漢人，色尚白，婦女短衣長裙，首蒙花布。性和平，勤耕織，婚姻以牛為聘。迎娶之夕，其女即返母家。近時有讀書入學者，俗亦漸革，禮節與漢人稍同矣。今大定、安順、興義三府所屬多有。

按儂苗，明初設土司羈縻之，弘治、正德間數作亂，屢征不克，終明之世，與苗狆大為黔患。康熙四十六年，普安州儂苗黄柱漢叛，雲貴總督貝公和諾令安順府知府許天馥、副將李雄等調雲南兵合剿，大破之。賊俱竄上獨石屯，其屯千尋絕險，叢箐無路，難以仰攻，乃絕水道數日，賊窮蹙，始將其兇抱應、抱省等縛獻軍門。至是不敢出侵犯。雍正六年，永豐八達寨儂苗顔光色作亂，總督鄂文端公檄安籠総兵蔡成貴，會廣西兵討之。賊巢險峻，礮攻不能破，成貴出示招撫，其黨與泥洞等寨皆降，儂人抱金、抱富誘斬顔光以獻，餘黨猶負固。成貴與廣西兵分路進遣，南籠土練潛入其巢，縱火焚之，儂人死者無算，獲男婦百八十人，乃平。至今向化已久，男子薙髮，與漢人無異矣。

第七十四種 夭家

夭家，夭壩土司夭應禄後裔也。在都匀府屬。明代八寨黑苗隸夭壩土司，最強悍，流土俱不受制，與化外無殊。自康熙二十一年，戕害土司夭應

---

① “儂”家，原文为“犭”旁，现用“儂”字代之。下同。

祿，其族屬逃之都勻，自號夭家。多姬姓，自以為周後。性柔順，青衣左衽，男子以緝木葉為上服，下穿短裙。女子以青花帕蒙首。年及笄，搆竹樓野處，未婚男子吹蘆笙誘之，相悅者苟合成配。婦性勤於男，耕作之暇，以織紡為務，又善染。人死不葬，用籐蔓束之樹間，任風雨化其屍，以十月為大節，祀先拜跪，頗染華風。有黃平州者，其俗亦同。

第七十五種 蠻人

蠻人，自滇遷來。相傳，梁元帝時爨瓚者，本河東人，祖事晉，為南寧太守。中原亂，遂據南寧之地，王蠻夷，稱西爨白蠻。男子挽髻頭，纏白布，短衣大袴，披草簑。婦人穿青衣，花布短裙。性獷戾，出入必帶刀弩，勤耕作，好漁獵。喪葬不用棺，宰牛集親族歌舞暢飲。以十月朔日為大節，祭賽為會。在貴定及都勻府。

按康熙二十三年十二月，貴州撫臣蔡毓榮請禁土司苗民攜藏兵器，及漢人將鉛硝硫磺售與外夷，上不許。曰："苗蠻賴弓弩長鎗捕獵為業，若概禁止，則失其生計。治民惟有撫綏，若不愛民，肆其殘虐，民操白挺，亦可為非，伏讀上諭，仰見聖天子惠養元元，無微不至。我輩一旦承乏苗疆，當體朝廷一視同仁之心，養之、教之，嚴禁胥隸搕詐，漢奸盤剝。多立義學，以資化導，使苗蠻日染月化，而皆囿於華夏禮法之中，而苗蠻自然久安長治耳。"

第七十六種 冉家蠻

冉家蠻，本蜀郡西北汶山夷冉駹裔，即茂州蠻是也。自漢唐迄於宋，大抵皆通戶（互）市，奉職貢。雖時有剽掠，如鼠竊狗盜，不能為深患。元時，冉加正以功授黔南道萬戶，明洪武三十二年，改授千戶所百戶。洪熙元年，改授沿河祐溪副長官，累傳至冉鼎臣，國朝順治十五年，准襲前職，子孫藩衍，自號冉家，人呼為冉家蠻。在石阡府之沿河司。男女皆以青布旋幡，頭若笠，衣短衣，披草簑。勤耕作，喜漁獵，得魚蝦以為美食。以丑、戌日為場期，十月朔為大節。祭鬼為樂，與蠻人同。

第七十七種 樓居蠻

樓居蠻，本蜀涪州南平蠻之後。陳末，其渠帥有甯氏者，生有猛力，為寧越太守。陳亡，自以與陳叔寶同日生，當代為天子，乃不入朝，世為亂。宋熙寧中，討平之。以其地隸州建南平軍，其族屬逃竄黔中，與苗人雜處，因好樓居，人呼為樓居苗。久之，自忘其為蠻種。男女挽髻，若羊角狀，婦女以布蒙之，横布二幅，穿中貫其首，號曰通繆。未婚女子髻垂於後，竹筒三寸，斜穿其耳，貴者飾以珠璫，俗女多男少，婦人任役。婚法，女先以貨求男，貧者無以嫁則賣為婢人。樓居梯而上，亦名曰幹闌。人死殮而停之，以二十年為期，合寨共卜，吉以百棺同瘞，公建祖祠，名曰鬼堂。其地什物，毫不敢犯，犯者以為不祥。性剛而噉，最信鬼。勤耕種，而好養牲畜，人居樓上，畜豢養樓下。在八寨、丹江等。

按丹江苗人，有大丹江、小丹江之稱，實只一江也。雍正六年，黑苗桃繞等四十餘寨，據大丹江，樓居蠻烏疊等二十餘寨據小丹（江），雞講十餘寨，切近九股，與大、小丹江相勾結。巡撫張廣泗以八寨既平，率兵進取丹江，相度形勢，以烏邪為大小丹江要隘，抱得亦大丹江出沒之區，烏騷則延屬雞講，又囊猛者，大丹江綰轂處也。旬日之間，次第平定。七年，平餘黨，設通判，駐其地。十三年，古州、台拱諸苗復叛，八寨、丹江苗亦叛應之。乾隆元年，張廣泗為經畧，以兵三路攻丹江，賊窮蹙鼠竄，匿牛皮、大箐，合七省兵圍之，箐在丹江城東南，綿亘數百里，丹江、雞講在其北，古州、上江在其南，八寨、九門在其西，台拱在其東北，峭壁深林，霧雨不開，濘泥沒膝。各路之賊，為官兵所逼，亦多竄入其中，圍十餘日，賊無所食，多餓死，乃遣兵入搜，俘獲賊首及其家屬徒黨以萬計。饑餓、墜巖死者十餘萬，諸苗悉平。

第七十八種 僰人

僰人，自滇遷來。滇之建寧郡南有濮夷，無君長，各以邑落自聚，故稱白濮。有文面濮、赤口濮、黑僰濮。性狡詐，耐勤苦。男戴竹笠，以穀布為衣，婦人以羅帕封頤，以一幅布為裙，或以貫頭，男女皆披氈衣，垢不沐浴。頗諳多種苗語。以六月二十四日為大節。朔望不乞火。性佞佛，常持珠誦咒，入廟禮佛。在水城、威甯者，名僰耳子，在普安廳，俗呼為民家子。

第七十九種 峒人

峒人，又名峒丁。漢西南牂牁郡溪洞箐篁獠之後裔也。性多忌，喜殺，出入夫婦必耦，挾鏢弩自隨。飲食避鹽醬，而以蕨灰濾水代之。冬以蘆花為絮禦寒，在鎮遠府及石阡郎溪司者，多以苗為姓。風俗與漢人同。婦女亦漢妝，惟足穿草履。所織之布曰峒布，細而有紋。婚葬俱循漢禮，恥居苗類，稱之以苗，則怒目相向云。在思州府南者，又名洞人，約五六百戶，其俗畧同。亦採毛為絮，以禦寒。在永從諸寨者，常負固自匿，然少為盜。在洪州司者，地肥多稼，而惰於耕作，惟善剽劫，常持刃持弩，潛伏陂塘，踉蹌篁簿中不可踪跡。又招致四方亡命為亂，歲饑愈甚，故黎平之盜，洪舟為最。

按洪武十八年，思州洞蠻叛，信國公湯和討平之。二十九年，平浪峒蠻狄把殺土官王應名，都指揮陳暹討平之。宣德元年，新添土舍宋志道糾峒蠻肆掠，總兵蕭授討平之。鎮遠邛水峒蠻苗章奴劫掠清浪道中，為土司所獲，其父苗銀總劫取之，聚兵欲攻思州，令他土司往撫，銀總伏兵殺害蕭授，調辰沅諸衛兵剿之，盡殺其黨，銀總遁去。終明之世，屢征不克。國朝定鼎，初猶不免竊發，雍乾間闢新疆，始知斂戢，而鼠竄狗偷，在所不免。

第八十種 土人

土人，所在多有之。在貴築、廣順、貴定者，與軍民通婚姻。歲時禮節，俱有華風。男子間貿易，婦人力耕作。種植時，田歌相和，清越可聽。歲首則迎山魈，逐邨屯以為儺，男子粧飾如社夥，擊鼓以唱神歌，所至之家，皆飲食之，今已變為漢人矣。在黎平府曹滴司者，多思播流裔。《貴陽府志•土司傳》宋理宗寶祐四年五月，羅氏鬼國遣使報，思播言元兵屯大里國，取道西南，將大入邊。詔賜銀萬兩，使思播結約，羅鬼為援。

第八十一種　六洞夷人

六洞夷人，元時西南夷中下爛土等處洞長忽帶之後裔也。男子薙髮，皆漢粧。婦人穿短衣，色裙細花，尖頭鞋，脛卷以布袴。未婚男女剪衣換帶，則卜而嫁之，鄰近女子邀數十人，各執藍布傘往送，名曰送親。至男家歡飲、唱和，凡三晝夜，攜新婦同歸母家，婿每夜潛入女家，與婦同宿，生子後方歸夫家。在黎平府。

按六洞夷人之亂，惟見於《明史》。洪武三十年三月，古州洞蠻平，冬十月，征蠻將軍楊文統征蠻之師至沅州，伐山開道二百里，抵天柱，遂涉苗境，營小坪，而以偏師別由渠陽零溪西南山徑，銜枚夜發，犄角以進，分道夾攻，直抵洪州泊里、福祿、永從諸洞，大破之。都督顧成亦剿平臻部六洞、螃蟹、天柱、大堂、大坪、小坪諸寇，班師還京。

第八十二種　里民子

里民子，明初有唐郎均者，鳳陽府人。從征黔蠻有功，授木官長官。永樂間，改為土里目，其部屬之裔人，呼為里民子。族類繁多，男皆薙髮，通漢語，貿易為生。婦女髮紮額前，旋轉於後，如雞冠形，故又呼為鳳頭雞。婦女衣服與漢同，惟足穿細耳草鞋，勤於耕作，餘間則剪羊毛織布為衣。好養牲畜，常帶出入。婚姻、歲時、禮節皆同漢人。未改流以前，負險自雄，時出剽奪，為行旅患。今則不敢復肆，惟嗜利若渴，有隙必報，其天性類然。在安順、清遠、大定、水城等屬。

第八十三種　六額子

西南徼外古羌夷白馬氏之裔，有黑白二種。黑者，名六額子。白者，名白額子。六額子愚而多疑。衣尚青，男女皆梳尖髻。婦人長衣、無裙。瘞亦用棺。一年後，延親族至墓前，以牲酒致祭。發墓開棺，取其骨刷洗，以白為度，用布裹埋之。嗣後，間歲一洗，至七次乃止。凡家人有病，則謂祖先骨不潔，再取洗之。今經嚴禁，惡俗漸革矣。在大定、黔西。

第八十四種 白額子

白額子，男子梳尖頂髻，如螺螄。衣尚白。婦女亦長衣而無裙。其俗與六額子畧同。疾病惟祝禱於鬼，而不洗骨。秋收後則禱神還願祈福。各寨延巫師，跳端公，聚族宰牛、宴飲為樂。或延至二三日不止。在威甯、貞豐、普安、羅斛等處。

又普安縣之興讓里有老巴子，亦苗類。嘉慶二年，興義平定後，漢夷陸續復業，始與客戶由湖南移居於此。其服飾與漢民同，而語音稍異耳。

第八十五種 羿子

羿子即南丹蠻夷子後裔也。夷子居應州（今黎平、都匀）之西，莊州（今定番、貴定、龍里、清平、平越地）之南，西趙（今昆明地）之東。渠帥姓季氏，勝兵萬人。唐時，與明州（即今貴陽）趙氏、蠻州（今開州巴香也）宋氏、清州（即今曾竹）宋氏、明州（今貞豐、羅斛）趙氏著名。隋末，漸與中國絕。久之，譌夷為羿。今多居大定之羿子塘及畢節。人以為猓玀之別種，非也。其人身短小而悍，男今薙髮，女飾髮以髦冠。服尚白，冬夏皆戴白氊笠，樸者事耕鑿，黠者往往行竊。刻木為約，不通文字。性嗜酒，又善資牧養。大凡各種苗蠻，性皆嗜酒。每歲冬，以各種雜糧釀酒，盛糟於罈，以泥封口，埋之土內。富者有埋至十餘年之久，宴會時出而去泥，頭插竹管數枝於內，以水灌罈而吸，其竿名曰咂酒。次第傳飲，水竭再灌，循環不輟。余於同治丙寅年正月，克復黔西州土目李國隆，以羊隻咂酒賀捷，其味甘芳入妙，可謂醇醪也，至今尚想念，不置如新釀者，苦辣不堪入口。

按羿子之亂，見於《黔志》者，惟明景泰元年，羿蠻叛，攻永甯，指揮吴玲率兵敗之。其後，天啓二年，安邦彥挾宣慰使安位反，自稱羅甸王，四十八支及他部頭目等，蜂起相應。烏撒（今威甯州）土目安效良，亦與通。邦彥首襲畢節都司，楊明廷固守，擊斬數百人。效良脅羿子等蠻助邦彥，陷其城，復分兵陷安順、霑益，雲貴、四川皆受其害。崇禎二年，総督朱燮元討安邦彥，誅之，羿子等蠻皆降，自後羿子不復敢為亂矣。

第八十六種 白兒子

白兒子，有二種：一為猓玀之孽子；一為漢種猓玀。貴黑賤白，名分不相紊亂。在昔安氏盛時，凡酋長把目，皆嫡子承襲。庶子長成，為之娶媳，給以房屋、田土、牛隻，出外另居。僅足自給。其母有私積，背父分助之，自是家中一切婚姻、喪祭，皆不得預聞。殆防奪嫡之患。故名之曰白兒子。又有因漢人入贅夷家，生子後有仍歸漢者，令其子女多有母無父，故亦謂之白兒子。男子剃頭辮髮，與漢人無異。婦女從夷俗，以白布纏頭，長衣大褲，胸繫布一幅，謂之圍腰，赤足草鞋。勤耕作，善牧養。現今亦有讀書入泮者。夷種服飾與白猓玀同。

惟大定府、黔西州最多，其餘各州縣皆少有。

附录二

八十六种苗蛮图

第一种 黑猓猡

附：猓猡女官

第二种 白猓猡

第三种 青苗

第四种 红苗

第五种 花苗

第六种 白苗

第七种 黑苗

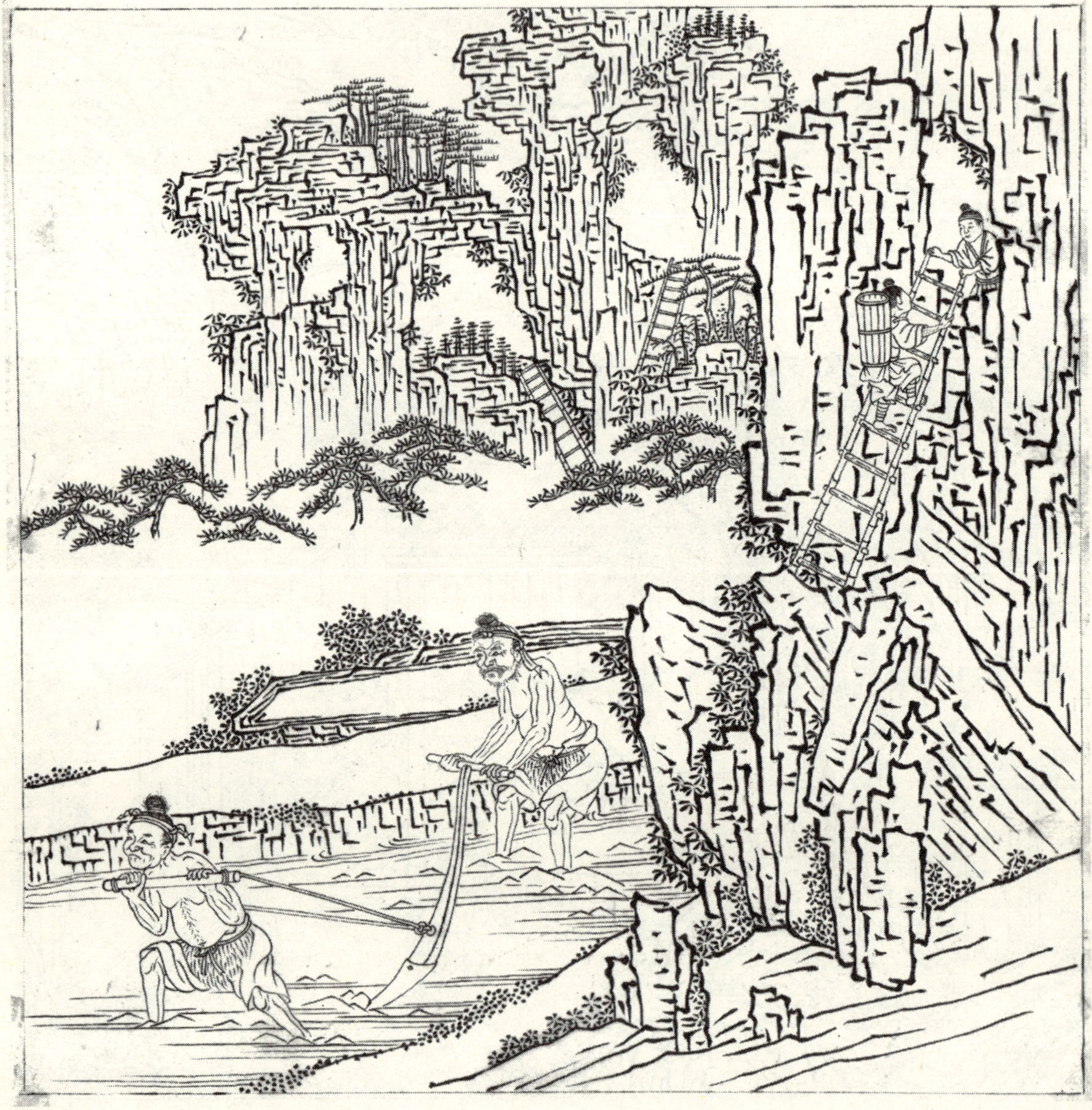

第八种 克孟牯羊苗

第九种 阳洞罗汉苗

第十种 谷蔺苗

第十一种 紫薑苗

第十二种 八寨苗

第十三种　九名九姓苗

第十四种 洞苗

第十五种 高坡苗

第十六种 黑生苗

第十七种 鸦雀苗

第十八种 黑山苗

第十九种 水西苗

第二十种 清江黑苗

第二十一种　黑脚苗

第二十二种 黑楼苗

第二十三种 生苗

第二十四种 九股苗

第二十五种 车寨苗

第二十六种 洪舟苗

第二十七种 短裙苗

第二十八种 姑卢苗

第二十九种 摆榜苗

第三十种 西溪苗

第三十一种 班苗

第三十二种 鸭崽苗

第三十三种 宗地苗

第三十四种 东苗

第三十五种　西苗

第三十六种 平伐苗

第三十七种 杨保苗

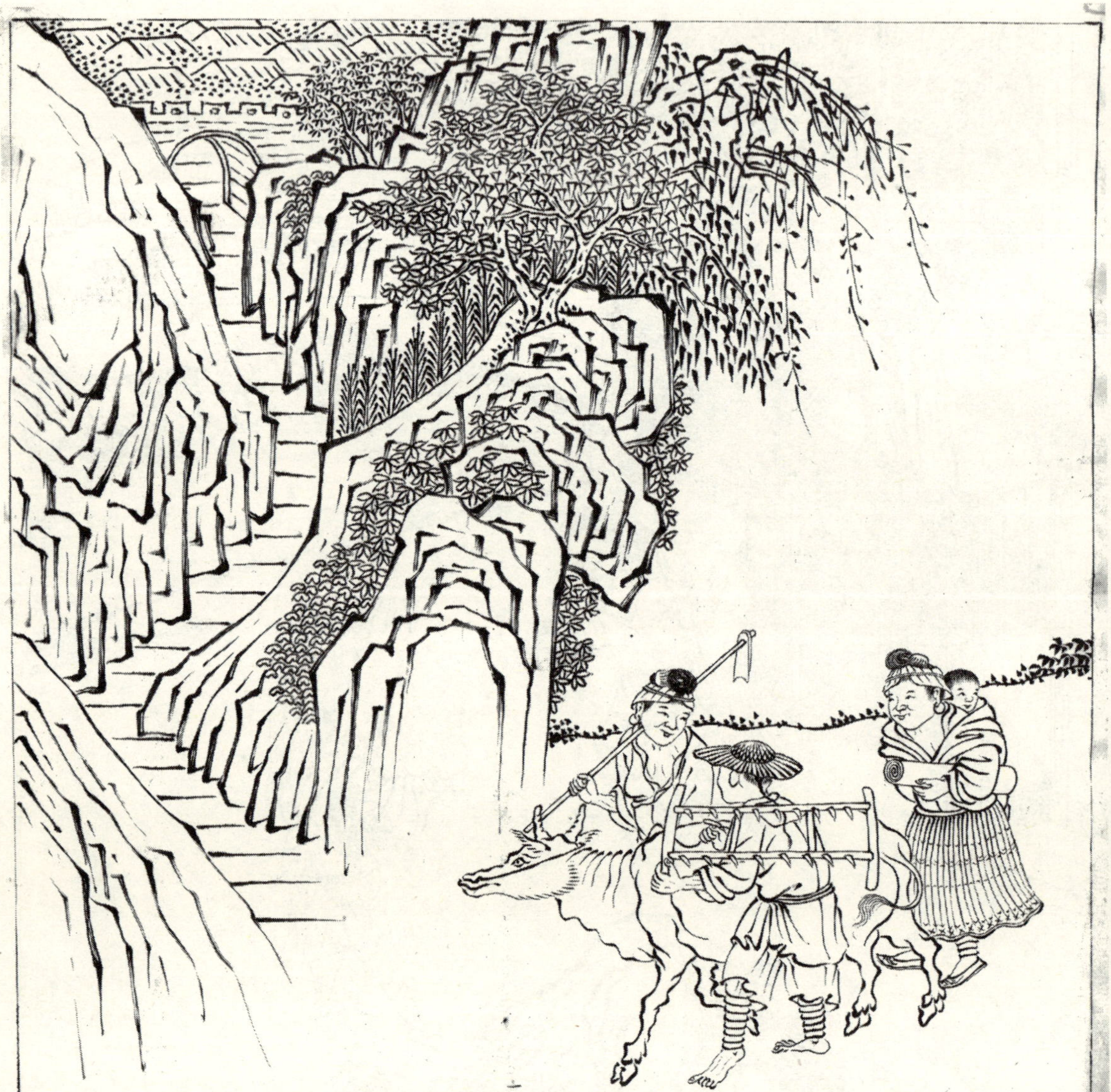

第三十八种 羊獚苗

第三十九种 宋家

第四十种 蔡家

《黔南苗蛮图说》原书第四十一种苗蛮应为“补笼狆家”，原图已缺，今据中央民族大学图书馆藏《贵州全省诸苗图说》上卷“补笼狆家”图移补于此，原图为彩绘，今改为黑白印刷。

第四十一种　补笼狆家

第四十二种 卡尤狆家

第四十三种 青狆家

第四十四种 黑狆家

第四十五种　白狆家

第四十六种　八番狆家

第四十七种　水家

第四十八种 狑家

第四十九种 羊家

第五十种 獞家

第五十一种　黑猺

第五十二种 花猺

第五十三种 狪家

第五十四种 红犵狫

第五十五种 花犵狫

第五十六种 披袍犵猪

第五十七种 猪豕犵狫

第五十八种 剪发犵狫

第五十九种 打牙犵狫

第六十种 锅圈犵狫

第六十一种 水犵狫

第六十二种　土犵狫

第六十三种 木犵狫

第六十四种 郎慈犵狫

第六十五种　犵当

第六十六种 犵兜

第六十七种 犵獞

第六十八种 白龙家

第六十九种 曾竹龙家

第七十种 马镫龙家

第七十一种 大头龙家

第七十二种 狗耳龙家

第七十三种 侬家

第七十四种 天家

第七十五种 蛮人

第七十六种 冉家蛮

第七十七种 楼居蛮

第七十八种 僰人

第七十九种　峒人

第八十种 土人

第八十一种 六洞夷人

第八十二种 里民子

第八十三种 六额子

第八十四种 白额子

第八十五种　羿子

第八十六种 白儿子

参考书目

1. ［唐］姚思廉撰：《梁书》，中华书局标点本，1973年5月第一版。
2. ［后晋］刘昫等撰：《旧唐书》，中华书局标点本，1975年5月第一版。
3. ［宋］欧阳修、宋祁撰：《新唐书》，中华书局标点本，1975年版。
4. ［元］脱脱等撰：《宋史》，中华书局标点本，1977年版。
5. ［明］宋濂等撰：《元史》，中华书局标点本，1976年4月第一版。
6. ［清］张廷玉等撰：《明史》，中华书局标点本，1974年版。
7. ［民国］赵尔巽等撰：《清史稿》，中华书局标点本，1977年版。
8. 王锺翰点校：《清史列传》，中华书局，1987年版。
9. 《清实录》，中华书局影印本，1985年-1986年版。
10. ［唐］张彦远著，秦仲文、黄苗子点校：《历代名画记》，人民美术出版社，1963年版。
11. ［清］鄂海撰：《抚苗录》，康熙五十二年刻本，拳石堂藏版。
12. ［清］王掞撰：《红苗归化恭纪诗》，康熙五十二年刻本。
13. ［清］徐家干著：《苗疆闻见录》，光绪四年刻本。
14. ［清］张汝怡著：《诸苗考》，道光二十一年抄本，中央民族大学图书馆藏本。
15. ［清］田雯著：《黔书》，康熙二十九年刻本。
16. ［清］张澍著：《续黔书》（《黔中纪闻》），嘉庆九年刻本。

17. [清] 李宗昉著：《黔记》，道光十四年刻本。
18. [清] 吴振棫纂：《黔语》，咸丰四年刻本。
19. [清] 爱必达著：《黔南识略》，乾隆十四年刻本。
20. [清] 罗绕典辑：《黔南职方纪略》，道光二十七年刻本。
21. [乾隆]《贵州通志》乾隆六年九月刻本、民国三十七年刻本。
22. [康熙]《云南通志》，康熙三十一年刻本。
23. [光绪]《滇志》，光绪乙巳（三十一年）年抄本，中央民族大学图书馆藏本。
24. [民国] 童振藻著：《黔中苗乘》，民国二十二年抄本，中央民族大学图书馆藏本。
25. [民国]《苗族风俗图说》手绘彩图本，中央民族大学图书馆藏本。
26. [民国]《中国边疆苗族风俗图考》手绘彩图本，中央民族大学图书馆藏本。
27. [清]《贵州全省诸苗图说》上、下卷，手绘彩图本，中央民族大学图书馆藏本。
28. [民国]《苗蛮图》59幅，民国彩绘简本，中央民族大学图书馆藏本。
29. [清]《贵州苗民风俗图》第一、第二、第三、第四册，手写彩绘本，中央民族大学图书馆藏本。
30. 《苗蛮图册》，台湾“中央研究院”历史语言研究所1973年影印本。
31. 《番苗画册》，台湾“中央研究院”历史语言研究所1973年影印本。
32. [民国] 黄元操著：《贵州苗夷丛考》，第一至第四册，民国二十五年七月手写本。中央民族大学图书馆藏本。
33. [日] 仁井田升著：《唐令拾遗》，粟劲等编译，长春出版社，

1989年11月第一版。

34. ［日］鸟居龙藏著：《苗族调查报告》，国立编译馆1935年12月翻译、出版，商务印书馆发行。

35. ［民国］凌纯声、芮逸夫著：《湘西苗族调查报告》，民国二十九年初印本，民族出版社2003年12月版。

36. ［民国］吴泽霖、陈国钧等著：《贵州苗夷社会研究》（苗夷研究丛刊之二），民国三十一年初版，文通书局发行。2004年1月民族出版社再版。

37. ［清］王锡祺编：《小方壶斋舆地丛钞》，光绪辛卯（十七年）南清河王氏辑本。

38. 李汉林著：《百苗图校释》，贵州民族出版社，2001年版。

39. 杜薇著：《百苗图汇考》，贵州民族出版社，2002年版。

40. 刘锋著：《百苗图疏证》，民族出版社，2004年版。

41. 杨庭硕、潘盛之编著：《百苗图抄本汇编》上、下卷，贵州人民出版社，2004年版。

42. 云南大学图书馆编：《清代滇黔民族图谱》（原《云南种人图说》部分、原《金筑百苗图》部分），云南美术出版社，2005年版。

43. ［德］卡特琳西尔特著：《莱比锡民族学博物馆的云南图册》之《滇省迤西迤南夷人图说》，2003年德国彩印本。

44. 李泽奉、刘如仲编著：《清代民族图志》，青海人民出版社，1997年版。

45. 何光岳著：《南蛮源流史》，江西教育出版社，1988年版。

46. 《水族简史》编写组编写：《水族简史》，贵州民族出版社，1985年版。

47. 《苗族简史》编写组编写：《苗族简史》，贵州民族出版社，1985年版。

48. 《水族简史》编写组编写：《水族简史》，贵州民族出版社，1985年版。
49. 《彝族简史》编写组编写：《彝族简史》，云南人民出版社，1987年版。
50. 《布依族简史》编写组编写：《布依族简史》，贵州人民出版社，1984年版。
51. 李廷贵等主编：《苗族历史与文化》，中央民族大学出版社，1996年版。
52. 何积全主编：《苗族文化研究》，贵州人民出版社，1999年版。
53. 贵州民族学院历史系编：《贵州民族论丛》，贵州民族出版社，2002年版。
54. 胡起望、李廷贵编：《苗族研究论丛》，贵州民族出版社，1988年版。
55. 侯绍庄、史继忠、翁家烈著：《贵州古代民族关系史》，贵州民族出版社，1991年版。
56. 贵州省编写组：《苗族社会历史调查》（一），贵州民族出版社，1986年版。
57. 贵州省编写组：《苗族社会历史调查》（二）、（三），贵州民族出版社，1987年版。
58. 吴晓东著：《苗族图腾与神话》，社会科学文献出版社，2002年版。
59. 石茂明著：《跨国苗族研究：民族与国家的边界》，民族出版社，2004年版。
60. 马启忠、王德龙著：《布依族文化研究》，贵州民族出版社1998年版。
61. 陈正军著：《贵州仫佬族历史文化》，贵州民族出版社，2003年版。

62. 管彦波著：《中国西南民族社会生活史》，黑龙江人民出版社，2005年版。

63. 王锺翰主编：《中国民族史》，中国社会科学出版社，1994年版。

64. 宋蜀华、陈克进主编：《中国民族概论》，中央民族大学出版社，2001年版。

65. 翁独健主编：《中国民族关系史纲要》，中国社会科学出版社，1990年版。

66. [日] 冈田宏二著：《中国华南民族社会史研究》，汲古书院，1993年版。

67. [日] 谷口房男著：《华南民族史研究》，绿荫书房，1997年版。

后 记

呈现在读者面前的这本小书，由我的博士论文修改而成。本想在两三年前完成本书的修改并出版，但由于自己主观上懒惰拖拉，客观上琐事缠身，又不想轻易将尚存诸多错误或疑问的稿子交出，于是，迟滞今日才得以面世。然而，早在2006年就催促我尽快修改出书、并为我写好了出版序言的我的恩师、著名清史专家王锺翰先生，却于2007年12月12日以95岁高寿离开了我们，未能看到经他亲手指导完成的这一小小成果，这使我在无限怀念恩师的同时，也深感对不起他老人家对我多年的精心培养，只当此书是献给他老人家丰碑前的一朵小花。

对于清史、民族史研究，我基本上是个门外汉，自从20世纪80年代初以来，我一直从事着唐以前历史文化的教学与研究，曾经专门整理和研究敦煌古文献20年，研究清代民族完全是从学步开始。好在自己身处中央民族大学22年，学校图书馆民族学科的资料十分丰富，又有著名史学大家王锺翰先生的悉心辅导和著名民族学家祁庆富教授、白翠芹教授、著名清史专家姚念慈教授、邸永君教授的热心帮助，才使我可以塌下心来补充材料，修改初稿，至今才敢于将本书稿交给出版社出版。尽管如此，由于本人对于本专题范围的研究缺乏童子功，很可能有令众行家捧腹之误，对此，只希望发现本书不当之处者，不吝赐教。

出版本书还有一个目的，就是想将至今不为多数学者所知的《黔南苗蛮图说》披露于世，因为这部文献虽然成书于光绪年间，但它却是黔省理苗循吏、书画艺术大家桂馥深入“苗蛮”村寨、聚落，实地考察生产、生活，亲身体会风土人情，最终绘写、刻印成书的传世佳作，文献价值极高。因此，本书在十几万字的研究部分之后，附录了《黔南苗蛮图说》的全部文字和86种“苗蛮图”，以供研究者进一步深入探讨，期待着有更多、更科学的研究成果问世，果真如此，也算尽到了抛砖之力。

本书的编辑、出版，得到了中央民族大学出版社总编辑莫福山的特别关照，责任编辑红梅同志，精心设计全书，认真校对文字，核实每幅苗图，付出了辛勤的汗水。教育部百所重点研究基地——中央民族大学中国少数民族研究中心主任祁庆富先生，不仅经常鼓励、支持和帮助我从事边疆民族图册的研究，而且在本书出版之际，亲手为之作序，对他们的热情帮助，我从心底里表示感谢！

作　者

2008年8月于北京

中关村南大街27号院